뇌혁명은
메모에서
시작한다

뇌혁명은 메모에서 시작한다

성공하는 사람들의 7가지 브레인 메모법

초 판 1쇄 2024년 04월 22일

지은이 서영진
펴낸이 류종렬

펴낸곳 미다스북스
본부장 임종익
편집장 이다경
책임진행 김가영, 윤가희, 이예나, 안채원, 김요섭, 임인영

등록 2001년 3월 21일 제2001-000040호
주소 서울시 마포구 양화로 133 서교타워 711호
전화 02) 322-7802~3
팩스 02) 6007-1845
블로그 http://blog.naver.com/midasbooks
전자주소 midasbooks@hanmail.net
페이스북 https://www.facebook.com/midasbooks425
인스타그램 https://www.instagram/midasbooks

ⓒ 서영진, 미다스북스 2024, *Printed in Korea*.

ISBN 979-11-6910-616-0 03190

값 18,500원

미다스북스는 다음세대에게 필요한 지혜와 교양을 생각합니다.

성공하는 사람들의 7가지 브레인 메모법

뇌혁명은
메모에서
시작한다

서영진 지음

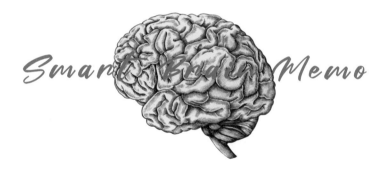

미다스북스

뇌과학을 처음 만나다

어떤 알고리즘에 빠져 있나요? 많은 사람이 자신이 자주 검색한 단어와 영상으로 이루어진 세계에 갇혀 있습니다. 관심 분야, 숙제, 필요에 의한 결과물입니다. 자기만의 알고리즘 세계는 갈수록 더 좁게 편향되어 가거나 우리를 더 탐욕적인 사람으로 만들 수 있습니다.

애플 창업자인 스티브 잡스는 점점 좁아지는 세계를 탈출하고 싶었습니다. '인문학'과 '기술'이라는 낯선 연결을 시도합니다. 그 결과 혁신의 아이콘인 아이폰이 세상에 등장합니다. 어색한 조합이 융합적 사고로 재탄생했습니다. '뇌과학'과 '메모'는 어떤가요?

용어도 익숙하지 않은 '뇌과학'을 처음 만난 것은 〈로보캅〉, 〈데몰리션맨〉, 〈저지 드래드〉 같은 공상과학 영화에서입니다. 불가능할 것 같은 미래 기술이 현재는 BCI(Brain-Computer Interface, **뇌-컴퓨터 인터페이스**)라고 불리며 여러 나라에서 개발 중입니다. 일론 머스크는 인공지능 시대에 인류가 생존할 수 있는 방법이 뇌의 확장이라고 말합니다. 뉴럴링크(Neuralink)를 통해 뇌의 능력치를 최대한 끌어올리겠다고 단언했습니다. 2024년 3월, 뉴럴링크의 **텔레파시** BCI—뇌신경 임플란트형 칩—를 삽입한 남자가 드디어 인터넷에 공개되었습니다. 그는 손을 쓰지 않고 생각만으로 컴퓨터 체스 게임을 하면서 새로운 인생이 시작되었다고 말했습니다.

그럼에도 불구하고 뇌에 직접적으로 지식을 업로드하거나, 인지 능력과 언어 능력을 향상시키는 기술이 언제 등장할지는 아무도 모릅니다.[1] 뇌과학 기사가 매일 쏟아지기에 글을 계속 수정했습니다. 텔레파시 칩을 삽입한 남자가 공개된 후, 바로 이 기술의 위험성을 지적하는 연구 결과가 발표되었습니다. 뇌신경 임플란트형 칩은 수명이 다하면 제거와 재이식 수술을 반복해야 하는데 그 과정에서 감염과 합병증의 위험성이 있다는 것입니다. 국내 연구진들은 뇌에서

---

1) 임창환, 「뉴럴 링크(동아시아)」, 8-12p.

분해되는 칩을 생쥐에 이식해 실험에 성공했다고 발표했습니다.[2]

BCI는 복잡한 기술과 윤리적 문제 등으로 인해 환자들에게만 제한적으로 사용됩니다. 감염 및 합병증이 없는 안전한 뇌 수술 방법은 없을까요? 평범한 개인이 위험천만한 리스크에 도전해야만 뇌를 바꿀 수 있을까요? 손쉽게 뇌를 혁신적으로 바꿀 방법이 필요합니다. 뇌과학의 연구 결과물을 안전하게 적용하려면 아주 오랜 시간과 많은 비용이 투자됩니다. 우리에게는 돈과 시간이 부족합니다.

평범한 뇌를 깨우는 스마트한 전략이 꼭 필요합니다. 뇌과학에서 밝힌 놀라운 능력과 기술을 아주 쉽게 적용할 수 있어야 합니다. 그 해답을 담은 것이 『뇌혁명은 메모에서 시작한다』입니다. 초등학생도 이해하도록 아주 쉽습니다. 리스크는 작고 효과는 매우 큽니다. 이미 성공한 사람들이 증명했습니다. 탁월한 방식을 '뇌과학과 메모'를 연결해서 설명합니다. **성공하는 사람들의 7가지 브레인 메모법**'이야 말로 지금 독자님 인생에 꼭 필요한 기술입니다.

더 이상 시간을 지체하지 마세요. 뇌를 해부하지 마세요. 비용 부담

---

2) "뇌 질환 치료 · 모니터링 한 번에 끝내는 기술 나왔다" (서울신문, 2024.03.07.)

도 두려워하지 마세요. 가장 쉽고 빠르고 값싼 방법입니다. 그러나 효과는 탁월합니다. 4차 산업혁명, 인공지능 시대와 같은 험한 파도가 몰려와도 두려워할 필요가 없습니다. 왜냐하면 마지막 장을 넘길 때 분명 독자님은 이전과 전혀 다른 뇌를 갖고 있을 것이기 때문입니다.

과거에 얽매일 필요가 없습니다. 뇌혁명의 시대는 이제 시작했습니다. 인문학과 기술의 만남처럼, 오래된 메모와 최첨단의 뇌과학은 분명 독자님을 혁신의 주인공으로 만들어 줍니다. 평범한 과거가 아닌 성공한 미래를 반드시 만들 수 있습니다. 독자님은 **성공하는 뇌, 성장하는 뇌, 창의적인 뇌**의 주인공으로서 변화의 문을 열 시간입니다.

뇌는 우주에서 발견한 것 중에
지금까지 가장 복잡하다.

The brain, is the most complex thing
we have yet discovered in our universe.

_ 제임스 D 왓슨(과학자)

PART 1. 성공한 천재들은 미라클 메모를 남겼다

PART 2. 뇌혁명의 시작은 메모루틴이다

PART 5. 성공을 위한 최고의 메모법

INTRO.

플랜 B가 필요하다

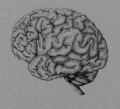

C급 인생에게도 플랜 B가 있을까?

길고 칠흑 같은 어두운 동굴에서 빠져나온 기억이 있는가? 그녀는 지긋지긋한 이곳에서 드디어 탈출한다. 지난 18년을 돌아보면 한마디로 암흑이었다. 지금 아니면 앞으로 10년, 아니, 죽을 때까지 이렇게 살다가 끝날 것을 직감적으로 알았다. 매일 바닥을 청소하고 빨래하고 설거지하고, 하녀의 일상과 별반 차이가 없었다. 제루샤라는 촌스러운 이름조차 원장님이 어느 두꺼운 전화부를 펴서 나온 첫 이름이었으니 말이다. 이름, 옷, 음식, 생활 방식 등등 그 어떤 것도 스스로 뽑은 것이 단 하나도 없었다. 선택할 수 없는 C급 인생이었다.

제루샤의 우중충한 인생에 큰 동정심을 갖는 것도 잠시. 인정하고 싶지 않지만 당신의 인생도 C급 인생으로 끝나는 것은 아닐까 두렵지 않은가? 제루샤는 매일매일 불투명한 내일로 근심 가득했다. 당신의 미래는 어떤가, 뿌연 안개처럼 앞이 캄캄한가? 만약 그렇다면 분명 선택의 기로에 서 있는 것이다. 다행히 제루샤는 그곳을 빠져나와 완전히 자신을 바꾸었다. 당당히 새 이름 '주디 애벗'으로 정하고 이전과는 차원이 다른 새로운 인생을 시작했다. 사랑스러운 '애벗'은 『키다리 아저씨』의 여주인공이다.

비참한 C급 인생이라고 칭한 것은 사실 저의 과거입니다. 인생에 꿈이 없다 보니 대학 생활이 매우 허무했습니다. 어느 날 아침, 눈은 떴지만 몸을 일으킬 수 없었습니다. 그날부터 학교에 가지 않고 방황이 시작되었죠. 당연히 대학교 첫 학기는 All 'F'였습니다. 비싼 등록비와 함께 한 학기가 통째로 날아갔지요. 앞으로 남은 대학 생활에 졸업과 취업은 꿈도 꿀 수 없었습니다.

사실 저에게는 안전한 플랜 A가 있었습니다. 중간 정도의 성적이지만 어느 대학이든 입학하고, 무사히 졸업하고 보통 사람의 모습으로 취업한 후 살아가는 그런 계획 말입니다. 더 먼 과거를 돌아보니 국민학교(초등학교의 옛 명칭) 성적표에는 매년 '주의 산만'이 떠나지 않았습니다. 어쩌면 '평범한'이라는 단어조차 저에게는 사치였던 것 같습니다. '어리숙한'이라는 형용사가 훨씬 더 어울렸지요. 어리숙한 C급 인생의 평범한 플랜 A는 처참히 망가졌습니다.

새내기 대학생의 모습은 미로 속에 갇힌 것인 마냥 절망적이었습니다. 아침마다 시간을 때우기 위해 걸었지만 목적지가 없었습니다. 그렇게 시간이 흐르던 어느 날 **'플랜 B'**라는 놀라운 기회가 찾아왔습니다. 마지막 기회라고 생각하니 절대 놓치지 않겠다고 다짐하며 꽉 잡았습니다. 다행히 새로운 문이 열렸고 플랜 B는 최악의 상황을 극복하는 힘이 되었습니다.

현재 저는 일곱 개의 일을 동시에 합니다. 외롭고 소외된 분들에게 찾아가는 도시락 서비스 제공, 법인 사무국장, 시니어 사역 연구소 소장, 컨설팅·광고기획 회사 운영, 교회에서 목사이며, 작가로 글도 씁니다. All 'F'의 앞날이 암울할 거란 예상과는 달리 저는 알콩달콩 가족들과 행복하며 바쁜 일상을 살고 있습니다.

플랜 A가 실패하셨나요? 어리숙한 제가 빠져나왔다면, 독자님도 반드시 어려움을 이겨 낼 수 있습니다. 헨리 포드는 "실패는 더 현명하게 다시 시작할 기회(Failure is the opportunity to begin again, this time more intelligently)."라고 했습니다. 플랜 A가 평범한 실패였더라도 플랜 B는 '위대한 성공'이 될 것입니다!

　C급 인생에게 플랜 B가 정말 가능할지 의문이 생길 수 있습니다. 제가 절망의 끝에서 답을 찾은 과정을 차분히 기록했습니다. 주저앉은 마음을 딛고 일어난 경험이며, 매우 실제적인 사례입니다. 어리숙한 제가 찾았다면 누구나 할 수 있다는 뜻이지요. **『뇌혁명은 메모에서 시작한다』**는 저만의 독창적인 생각이 아닙니다. 수많은 성공한 사람들, 즉 거인의 어깨 위에서 발견했습니다. C급 인생에게도 혁명적 변화가 가능한 것은 플랜 B 때문입니다. 플랜 B의 키워드는 **메모와 뇌과학과 아웃풋(Output)** 3가지면 충분합니다. 정말 간단하지요?

　평범한 브레인(Brain, 뇌)이 바뀔 수 있을까? 물론 가능합니다! 반드시 할 수 있습니다. 뇌과학에서 '사람의 뇌는 무한히 변할 수 있다는 **신경가소성(Neuroplasticity)**'을 발견했습니다. 뇌에 지속적인 자극을 주면 뇌가 '플라스틱'처럼 다양한 형태로 변하는 성질입니다. 좋은 자극을 주면 좋은 생각이 되고, 또 다른 좋은 생각들과 연결되어 좋은 행동을 낳습니다. 결과적으로 자신의 뇌를 '성공하는 뇌'로 바꾸어 무한 성장의 에너지가 뿜어져 나오게 합니다. 물론 정반대도 가능합니다.

독자님은 자신의 뇌에 어떤 선택을 할 것인가요? 현재 자기 인생이 C급 인생이라고만 비관할 것이 아니라 다시 도전 하겠다는 결심이 필요합니다! 독자님 눈앞에 플랜 B가 지금 나타났습니다. 독자님 인생도 성공한 인생이 반드시 될 수 있습니다.

저는 지속적으로 독자님에게 '메모'를 강조할 것입니다. 독자님의 뇌 속에 신경세포(Neuron, 뉴런)가 깨어나 좋은 생각들이 서로 연결되고, 좋은 습관을 만들 것입니다. 그 결과 좋은 행동인 성과(Output)를 반드시 낼 것입니다. **독자님의 변화가 이 책의 핵심 목표입니다.**[3] '메모와 뇌과학이 연결되어 어떻게 시너지 효과를 내는지' 이미 검증된 책들을 인용했습니다. 일부 내용은 오픈 AI의 도움도 받았습니다. 인용한 책자 목록을 따로 정리했습니다. 자신의 성장에 목

---

3) 스티븐 코비, 『성공하는 사람들의 7가지 습관(김영사)』, 69p.에서는 "우리가 생각의 씨앗을 뿌리면 행동의 열매를 얻게 되고, 행동의 씨앗을 뿌리면 습관의 열매를 얻는다."라고 했습니다. 또한 "좋은 습관은 밧줄과 같아서 이런 습관은 절대로 파손되지 않는다."라고도 했습니다. 즉 '습관이야 말로 엄청난 영향력'입니다.

마른 분들은 더 많은 책을 읽고 도전하십시오. 독서를 통해 독자님의 뇌가 바뀝니다.[4] 이제부터 독자님 자신에게 집중하셔야 합니다! 하나라도 실천(Output)해야 합니다! 당장 펜을 들고 이 책을 읽으세요. 변화를 꿈꾸세요! 분명 독자님은 성장할 것입니다!

---

4) 이에 대해서는 저의 다음 작품들에서 좀 더 자세히 설명하겠습니다.

불편한 질문은 절대 피할 수 없다

당신의 삶에서 기회를 만드는 것은
오직 선택뿐이다. 그 선택이 당신의 미래를 결정한다.

Creating opportunities in your life is a choice
and that choice determines your future.

_ 토리 로빈슨(작가)

"내 미래는 제루샤와 비슷할까?"

이 질문이 불편하다면 다음 질문은 어떤가요? 아주 쉽게 답변할

수 있습니다.

"이 책을 더 읽을까? 아니면 그냥 덮을까?"

당장 실행할 수 있는 질문이지요? 마지막으로 진짜 인생 질문에

답해 보세요.

독자님은 제루샤처럼 우울한 미래를 받아들일 것인가요?

아니면 '주디 애벗'처럼 완전히 새로운 미래를 만들 것인가요?

질문에 바로 답하지 않아도 됩니다. 그러나 이 질문은 독자님 뇌리에서 더 이상 지울 수 없는 불편한 인생 질문이 되었습니다. 피하고 싶다면 당장 책을 덮는 것이 마음 편합니다. 불편한 이 질문의 답을 저는 여러 형태로 끊임없이 물을 것입니다. 설사 지금 당장 책을 덮더라도 **불편한 질문**은 독자님 뇌리에 **각인(刻印)**되어서 절대 피할 수 없습니다. '코끼리를 생각하지 마세요!'와 같은 주문입니다.

잠시 숨을 고르세요.

책갈피나 펜을 끼어 놓고 책을 덮으세요.

(전자책이라면 디바이스를 손에서 잠시 놓으세요.)

질문을 다시 떠올리며 자신에게 물어보세요.

제루샤의 우울한 미래 vs 주디 애벗의 새로운 미래

피하고 싶은 우울한 미래와 꼭 가고 싶은 새로운 미래 사이에서 발을 동동거리며 고민만 하는 것은 아닌가요? "좋은 질문은 자기뿐만 아니라 주위 사람들까지 변화시키는 놀라운 힘이 있습니다."[5] 독자님은 변화를 꿈꾸기에 이 질문을 피하지 않고 답하려고 고민 중입니다. '주디 애벗'처럼 미래를 희망적이며 긍정적으로 만들어 가고자 몇 줄을 더 읽기로 다짐하셨나요? 아주 잘하셨습니다! 여러 시도 끝에 이 책을 만난 것이라도 좋습니다. 독자님의 힘찬 첫걸음이 저와의 만남이라면 분명 독자님은 주디 애벗처럼 엄청난 행운아입니다.

많은 사람이 타인의 변화는 매우 부러워하지만 자신의 변화에 대해서는 부정적이거나 혹은 막연한 생각으로만 그칠 때가 허다합니다. 저 역시 변화를 꿈꾸었지만 그 과정에서 실패한 적이 한두 번이 아니었습니다. 왜냐하면 저 자신의 손아귀에는 아무것도 없는 C급 인생이라고 스스로 평가했기 때문입니다. 변화를 위한 자원이 없었습니다. 그래서 백마 탄 공주님이 나타나거나, 키다리 아저씨라는 엄청난 후원자만을 멍하게 기다렸습니다.

---

5) 뇌과학자 모기 겐이치로, 『좋은 질문이 좋은 인생을 만든다(샘터)』, 전자책.

제 꿈이 잠깐 여행 작가인 적도 있었습니다. 안타깝게 통장에는 몇 푼밖에 없었고, 심지어 카드 빚은 감당할 수 없을 만큼 쌓였습니다. 제 선택지는 초라한 모텔이거나 인터넷 서핑으로 하는 상상 여행만 가능했습니다. 당시 가난을 저의 장애로 여기며, 여행 작가라는 소박한 꿈마저 포기해야만 했습니다. 현재 독자님은 어떠신가요? 통장의 잔고는 괜찮은가요? 소위 좋은 집안, 재력, 지력, 학력은 고사하고 든든한 빽(Back) 하나라도 있으신가요? 이런 힘도 없고 행운마저 올 수 없다고 포기했다면, 변화를 단념하는 것은 자연스러운 수순입니다.

경영의 구루이며 작가인 오마에 겐이치는 인생 변화에 있어 매우 통찰력 있는 말을 했습니다. **"인생을 바꾸는 데 3가지만 바꾸면 된다! 시간, 장소, 인간관계."** 그러나 어떤 사람들에게는 이 3가지를 바꾸는 것마저 사치라고 여겨질 때가 있습니다. 저 역시 그런 부류였기에 변화를 포기했습니다. 시간, 장소를 바꾸려면 돈이 필요하다고 핑계를 대었습니다. 남은 선택지는 '현, 실, 안, 주'라는 단 한 장의 카드뿐이었습니다. 변화는 제 사전에 품을 수 없는 단어였습니다. 혹 독자님도 저와 같은 상황이라면 플랜 B가 필요한 시간입니다.

당신의 유일한 탈출구는 플랜 B이다

인생에서 가장 중요한 것은 얼마나 많은 기회를
가졌는지가 아닌, 그 기회를 어떻게 잘 활용했는지이다.

The most important thing in life is not how many
opportunities we get, but how well we use them.

_ 토마스 J. 왓슨(IBM CEO)

상상해 보십시오. 절망에 빠진 독자님에게 완전히 새로운 기회가 찾아왔습니다. 우연한 기회에 엄청난 부자가 독자님을 성대한 파티에 초대했습니다. 그곳에 간다면 분명 백만장자 투자자를 만나 화려한 인맥을 쌓는 동시에, 투자금도 열 배로 늘어날 절호의 찬스입니다. 탄탄대로 미래가 펼쳐질 일만 남았습니다. 독자님이 기대하던 인생 역전 마지막 기회입니다. 하지만 아뿔싸! 누군가 청소를 했는지 초대장이 사라져 버렸습니다. 내 인생 마지막 반전이라는 실낱같은 희망마저 신기루처럼 사라졌습니다.

이런 절망적 상황을 맞이한 여성이 있습니다. 신데렐라입니다. 신데렐라도 파티에 무척 가고 싶었지만 버젓한 드레스 한 장은 고사하고 밖에 나갈 그 무엇도 없었습니다. 그녀가 할 수 있는 것은 요정에게 비는 것뿐입니다. 어찌 된 일인지 요정은 신데렐라의 목소리를 들었습니다. 화려한 파티장에 도착한 신데렐라는 왕자님과 춤을 추었습니다. 행복한 시간을 누렸습니다. 그러나 약속된 12시가 되었습니다. 그녀는 꿈을 뒤로하고 현실로 도망쳤습니다. 이제 그녀의 손에 남은 것은 유리 구두 한쪽뿐입니다.

도망가는 신데렐라의 모습이 마치 누군가의 우울한 그림자와 닮아 있지 않나요? 걸을 힘마저 없어 보이는 비참한 그림자의 주인공이 만약 독자님이라면 어떤가요? 일상으로 돌아온 신데렐라는 포기하지 않았습니다. 딸깍거리는 유리 구두를 신고 당당히 왕자님 앞으로 나아갔습니다. 우리가 모두 알 듯 그녀의 인생은 해피엔딩입니다.

독자님은 비록 초대장을 잃어버렸지만, 눈을 감고 행운을 빌어 보면 어떨까요? 요정이든, 신이든 상관없습니다. 우선 눈을 감고 간절히 간절히 기원해 보세요. 정말 열심히 기원했나요? 얼른 눈을 떠서 요정을 찾아보세요. 문이 닫혀 있다면 혹 옆방에 나타난 것은 아닌가요? 혹시 유리 구두 소리가 들리지 않나요? 창문 밖에 있는 것은 아닌가요? 당장 일어나서 창문을 열고 "여기 있다!"라고 외쳐 보세요.

무슨 이런 얼빠진 소리냐고 치부할 수 있습니다! 제가 이렇게 긴 이야기로 역정을 내는 이유는 단 하나입니다. 이 글을 읽는 독자님 당신 때문입니다! 요정을 바라고 있거나, 없어진 초대장을 찾겠다고 온갖 곳을 들쑤시면서, 정작 자기는 달라지지 않겠다고 고집 피우는 독자님 당신 말입니다.

동화 속 신데렐라처럼 마법이나 요정이 내 삶에 나타나지 않는다면 포기할 것인가요? 이제 독자님이 기댈 곳은 단 하나 **플랜 B**뿐입니다. 인생의 첫 번째 기회가 사라졌습니다. 초대장은 더 이상 없습니다. 그러나 절대 포기하거나 절망하지 마십시오! 두 번째 기회가 아직 독자님 곁에 남아 있습니다. C급 인생에게도 플랜 B가 있습니다.

독자님에게는 주디와 같은 엄청난 후원자 '키다리 아저씨'가 없습니다. 그리고 유리 구두 한쪽도 없습니다. 저 역시 빈손이긴 마찬가지였습니다. 제가 어떻게 All 'F'를 이겨 내고, 다른 사람에게 꿈을 이야기하는 사람으로 변신할 수 있었을까요? 독자님이 제 글을 아직도 읽고 있는 이유는 단 하나입니다. "도대체 너의 플랜 B는 무엇이냐? 잠자고 있는 평범한 나의 뇌(Brain)를 정말 깨울 수 있느냐?" 이 질문의 해답을 듣고 싶기 때문입니다.

똑똑한 독자님은 이미 예상했겠지만 그 답은 '메모'입니다. 고작 메모라고 허탈한 건 아니지요? 뇌가 획기적으로 변화하는 수술은 어렵고 위험합니다. 그렇기에 뇌혁명의 첫걸음이자 **가성비로 따지면 '메모'가 그 해답입니다.** 저는 독자님에게 거대한 결심, 화려한 인맥, 엄청난 후원자를 드릴 능력이 없습니다. 또한 요정, 후원자, 유리 구두 같은 동화 속 상상도 아닙니다.

변화를 열망하지만 방법을 몰라 좌절한 사람에게, 그럼에도 포기하지 않고 꿈을 찾으러 떠나는 사람에게 작은 물꼬를 터주는 게 제 역할입니다. 빈손인 독자님에게 **메모가 유일한 적정기술**입니다.

이 책의 키워드는 **메모·뇌과학·아웃풋** 3가지입니다. 그중에 뇌에 대한 이해가 좀 더 필요합니다.

뇌 속에는 신경세포(=뉴런)와 신경(아)교세포가 있습니다. 신경교세포는 신경세포를 돕는 세포입니다.[6] 우리가 주목할 것은 신경세포입니다. 어떤 연구자들은 25세를 전후해서 뇌의 기능이 떨어지면서 새로운 신경세포가 생성될 수 없다고 했습니다. 그렇다면 절망적인 소식입니다.

다행히 최근 연구진들은 이전의 결과를 뒤집는 연구 성과를 계속 발표합니다. 뇌는 나이에 상관없이, 이전의 내가 C급 인생이라고 해도 변할 수 있다는 것입니다. 우리의 뇌는 지속적으로 새로운 신경세포를 생성합니다. 이러한 신경세포의 재생 과정을 신경발생 혹은 신경생성(Neurogenesis)이라고 합니다. 나이에 따라 뇌의 노화가 진행되지만 동시에 다른 쪽에서는 신경세포가 새롭게 탄생하며 연결되고 확장됩니다.

뇌가 변화하고 확장(성장)하는 것을 신경가소성(Neuroplasticity)이라고 합니다. 신경발생(생성)과 신경가소성을 키우기 위한 가장 확실한 방법은 새로운 것을 꾸준히 익히고 배우고 훈련하는 것입니다. 운동처럼 훈련한다면 시간이 걸리더라도 반드시 성과가 나타납니다.[7] 독자님의 뇌가 변화하기 위해서 도전할 것은 메모입니다!

---

6) 임창환, 『뉴럴 링크』, 188p. "신경교세포는 신경세포를 구조적으로 지지하거나 영양분 공급을 돕는 정도로만 정의했는데, 최근 연구는 신경조직 활동에 능동적으로 참여함으로 기억과 학습에도 중요한 역할을 하는 것으로 밝혀졌다."
7) 마크 티글러, 『기적의 뇌 사용법(김영사)』, 18-21p.

쉽지 않은 뇌과학 용어를 공부해야 하는 이유는 단 하나입니다. 메모에 대한 학습과 도전 자체만으로도 **뇌가 깨어나 변화하고 확장되기 때문**입니다. 메모가 뇌혁명의 시작입니다. '평범한 뇌, 천천히 노화되는 뇌'에 머무는 것이 아니라 '뇌혁명'이 일어나서 **성장하는 뇌**로 바꿀 수 있다는 것이 제 주장입니다. 스마트 브레인 메모법은 모두에게 맞는 만능 메모법이라고 주장하는 것이 절대 아닙니다. **뇌가 정보를 처리하고 저장하는 원리를 메모와 연결(Connect)시킨 것에 불과합니다.** 독자님이 처음부터 가지고 있던 자신의 잠재력을 확인시켜 준 것입니다. 남은 것은 독자님 자신을 믿고 잠자고 있는 잠재력과 마음껏 뿜어내는 용기가 필요합니다. 메모는 아주 쉽습니다!

우연한 기회에 찾아온 인생 선물

기록은 사람이 자신을 발견하는 첫걸음이다.

Recording is the first step for a person
to discover oneself.

_ 산드라 레일리(아동작가)

20년 전, 제 뇌는 깊이 잠들어 있었고 무기력했습니다. 스스로 C급 인생이라고 평했으며, 진짜 성적표는 All 'F'였습니다. 갓 스무 살이 마주한 현실은 처참했습니다. 장래가 어두웠고, 취업의 문마저 '덜컹' 닫히는 소리가 들렸습니다. 지금까지도 이런 성적을 가진 사람을 본 적이 없습니다.

그런 제게도 실낱같은 기회가 찾아왔습니다. 전역하고 얼마 뒤, 답답한 마음을 잠시 잊고자 강남의 한 서점에 들렀습니다. 우연히 제

손에 잡힌 책 한 권이 있었는데 『메모의 기술』[8]이었습니다. 아주 얇은 책자여서 잘 보이지 않았지만, 몸을 숙여 쑥 뽑아서 읽었습니다. 인생의 초침이 의미 없이 빠르게 돌던 때, 책 속에 점점 빠지는 저 자신을 발견했습니다. "째깍째깍⋯⋯ 톡―!" 빨간 초침이 점점 느려지더니 그 시간이 멈추었습니다. 단지 10여 분 내외였는데, 책들의 내용이 제 뇌리에 차곡차곡 쌓이며 머리가 뻥 뚫리는 놀라운 경험이었습니다. 오랜 잠에서 깬 아이처럼 뇌가 기지개를 켜는 듯했습니다. 그때의 독서로 저는 지금도 성장하며 변화하고 있습니다. 놀라운 기적의 뇌로 변한 뇌혁명의 시작이었습니다.

20여 년이 지난 요즘도 자주 손이 갑니다. 세월의 손때가 곳곳에 묻어 있습니다. 제게는 보물 1호입니다. 20대 때 1년에 한 번씩 정주행했던 『슬램덩크』처럼 제 '편도체를 활성화하는' 책입니다.[9] 『메모의 기술』은 제 인생에 신선한 충격이었습니다. 꿈도 없고 좌절해 가던 한 청년에게 활력소가 생겼습니다. 작은 습관들이 막 시작되었습니다. 그저 단순한 메모였습니다. 책에서 읽던 것을 하나씩 하나씩 적용했습니다. 티끌 같은 움직임이었지만, 메모를 반복하니 저 스스로

---

8) 사카토 켄지, 『메모의 기술(해바라기)』.
9) 이케가야 유지, 『최적의 공부 뇌(포레스트북스)』, 89-90p. "편도체는 감정을 담당하며, 기억과 감정이 만나는 것이 추억이다. 즉, 추억은 감정과 함께 좀 더 강하게 뇌에 저장되어, 기억력을 촉진시킨다."

무엇인가 바뀐다고 생각했습니다.

신경세포에서 **시냅스**는 중요한 역할을 감당합니다. 새로운 시작과 성장의 문을 시냅스가 엽니다. 시냅스가 새로운 문을 열지 않으면 신경세포는 죽습니다. 뇌과학적으로 설명하면, 제가 메모를 반복하다 보니 시냅스가 다른 신경세포와 연결되고 강화되는 결과를 낳게 된 것입니다. 그리고 반복은 더 강력해집니다. 반복이 제 인생에 기적을 불러왔습니다.

메모는 작은 날갯짓에 불과합니다. 어린 새들이 비행을 처음 시작할 때 가장 중요한 것 중 하나는 날갯짓을 멈추지 않는 것입니다. 제역할은 바로 그것! "독자님의 날갯짓, 메모를 포기하지 말라!"고 끊임없이 독려하는 것뿐입니다. 움츠려 있는 독자님의 뇌세포 속 시냅스를 움직이게 합니다. 독자님에게 제가 필요한 이유는 그것뿐입니다!

바보라고 불리는 새는 땅에서 뒤뚱뒤뚱 걷습니다. 그러나 바보 새가 날개를 펴면 아주 기이한 모습이 펼쳐집니다. 가장 멋진 날갯짓으로 먼 곳을 빠르게 날아가는, 하늘이 보낸 새인 신천옹(信天翁)이 되기 때문입니다. 바보 새의 다른 이름은 '알바트로스'입니다. 그렇게 보잘것없이 보이며 뒤뚱뒤뚱하는 모습 속에서 어느 날, 독자님은 커다란 날개를 펴고 하늘을 자유롭게 날아다니는 자신을 발견할 것입니다.

메모에 실수하고, 여전히 불편하고, 성과가 나지 않은 시간을 거닐 때는 바보처럼 느껴질 수 있습니다. 그러나 알바트로스가 날개를 펴면 가장 멋진 새라는 것을 잊지 말아야 합니다. 독자님의 작은 날갯짓과 뒤뚱거리는 모습을 저는 절대 비웃지 않겠습니다. 독자님의 비상하는 미래가 훤히 보입니다!

『뇌혁명은 메모에서 시작한다』는 '펜으로 생각하라'라는 아주 작은 실천에서 탄생했습니다. 브레인 메모법이 잠자는 저를 깨웠습니다. 평범한 뇌가 기적의 뇌로 바뀌었습니다. 이제 독자님의 뇌를 깨울 차례입니다. 책의 마지막 장을 덮는 순간 독자님의 모습을 상상해 보십시오. 더 이상 미운 오리 새끼도, 바보 새도 아닌 더 높은 하늘을 날며 땅을 바라보는 알바트로스가 보이십니까? 독자님 인생에 메모를 선물하세요!

지금 떠오르는 생각(혹은 느낌)을 그리거나 적어보세요.

PART 1.

성공한 천재들은
미라클 메모를
남겼다

Smart Brain Memo

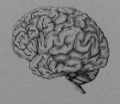

1억짜리 습관도 있다

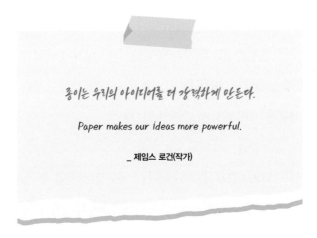

종이는 우리의 아이디어를 더 강력하게 만든다.

Paper makes our ideas more powerful.

_ 제임스 로건(작가)

한 사람이 평생 얼마의 돈을 쓸까요? 나라마다, 가정마다 차이가 있습니다. 단순하게 하루에 100만 원을 쓸 수 있다고 가정하면, 1년에 3억 6,500만 원을 사용합니다. 80년을 가정할 경우 292억, 약 300억을 쓴다고 생각해 보죠. 개인이 평생 500억을 쓴다는 것은 매우 쉽지 않습니다. 반대로 하루에 100만 원을 번다면 어떨까요? 평생 500억을 버는 사람이 몇 명이나 있을까요? 분명한 것은 제 주변에는 없습니다. 만약 독자님 곁에 아주 작은 습관 하나로 3,000,000,000,000 (3조) 원을 번 사람이 있다면 제게 소개해 주시겠어요?

3조를 번다는 것은 80년 동안 하루에 1억을 번 것과 마찬가지입니다. 하루에 딱 한 번, 매우 사소한 한 가지 습관만으로 하루에 1억을 벌었습니다. 1억의 습관을 지닌 주인공은 레오나르도 다빈치입니다. 그의 메모장 원본은 3조의 가치가 넘습니다. 심지어 메모의 필사본마저 2억이 넘습니다. 하루 한 번, 1억의 가치를 가진 메모는 전쟁의 천재 '나폴레옹'마저 반하게 만들었습니다.[10]

독자님은 1억의 메모습관 즉, 미라클 메모를 실천할 수 있습니다. 독자님의 메모 한 장이 어느 날 큰 선물로 돌아올 것을 상상해 보세요! 얼마나 즐거운가요? **1억의 습관**이 비현실적이라고 생각된다면 다음 이야기는 좀 더 현실적입니다. 미국 철강회사인 베들레헴 철강의 컨설팅 사례입니다. 회사의 생산성을 더 높이기 위해 찰스 슈왑과 경영진들은 아이비 리를 찾았습니다. 아이비 리는 경제 기자 출신으로 유명 경영 컨설턴트로 활동했습니다. 현대적 광고회사(PR)의 아버지라고도 불립니다. 경영진이 받은 컨설팅은 몇 문장으로 아주 간단해서 15분 만에 끝났습니다.

---

10) 사쿠라가와 다빈치, 「초역 다빈치 노트(한국경제신문)」, 전자책.

① 근무자가 매일 해야 할 일 6가지를 메모한다(To do list).

② 가장 중요한 것부터 실천한다.

③ 가장 중요한 것을 처리한 이후에 다음 것으로 넘어간다.

④ 매일 반복한다.

하지만 아이비 리는 3개월 후에 찰스 슈왑으로부터 2만 5,000달러의 수표를 받았습니다. 1918년 기준이니 현재 시세로는 약 40만 달러로, 우리 돈 4억 5,000만 원이 넘는 컨설팅 비용입니다. 아이비 리는 근무자들에게 아주 간단한 메모 팁을 알려 주었지만, 베들레헴 철강에는 놀라운 혁신의 바람이 불었습니다. 독자님의 작은 습관 하나는 어머어마한 가치가 있습니다. 지금 4억짜리 컨설팅을 받고 있습니다. 메모를 통해 분명 독자님은 변화합니다!

적자생존: 메모하는 자가 살아남는다

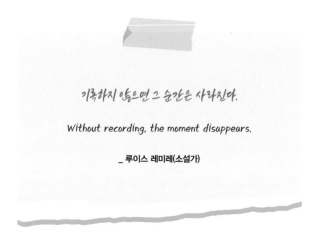

기록하지 않으면 그 순간은 사라진다.

Without recording, the moment disappears.

_ 루이스 레미레(소설가)

적자생존(適者生存)은 'Survival of the fittest'라는 말로 "가장 적합한 것이 생존한다."라는 의미입니다. 다윈의 『종의 기원』 이후에 진화론을 비롯하여 다양한 학문에서 "생존 경쟁에서 가장 좋은/적합한 종족이 살아남는다."라고 말합니다.

그렇다면 오늘날은 어떨까요? 변화를 막을 수 없는 시대, 4차 산업 혁명 시대, AI 시대, Post Covid-19에서는 누가 살아남을 수 있을까요? 그것은 '적는 자' 즉, 메모하는 자입니다!

변화는 자신과 상관없다고 말하는 사람이 있을지언정 사회는 시시각각 변합니다. 삐삐에서 시티폰, 핸드폰을 거쳐 현재 스마트폰으로 바뀌었습니다. 변화의 큰 물결을 막을 수 있는 사람은 큰 권력자라도 불가능합니다. 막을 수 있다고 생각하는 것 자체가 어리석습니다. 변화는 두렵고 무섭습니다. 결과를 모르고 뛰어들어야 하기 때문입니다. 그렇지만 두려움에 갇혀서는 절대 안 됩니다. 그 속에서 자기만의 방법을 찾아야 합니다.

중학교 때 읽은 수필이 여전히 기억에 남습니다. 이하윤 작가의 수필 「메모광」입니다. 30여 년이 훨씬 지났음에도 제 뇌리에 남아 있는 이유는 무엇일까요? 수필의 자유로움을 느낀 동시에 '메모의 놀라움'을 처음 시사했던 글이었기 때문입니다. 제 인생의 「메모광」 그리고 『메모의 기술』이 연결되어 『뇌혁명은 메모에서 시작한다』가 탄생했습니다. 메모가 쌓이면 역사가 됩니다. 작은 발걸음이 쌓이면 정보가 되고, 보물을 찾아내는 실마리가 됩니다.

이런 변화를 잘 보여 주는 유명인 중 하나가 MLB 선수 오타니 쇼헤이입니다. '야알못'(야구를 잘 알지 못한다는 뜻)인 필자마저 그 이름을 생생히 기억하게 한 선수입니다. 오타니 선수를 검색하면 현재

승패율이 나오지만 덩달아 나오는 것이 '오타니 쇼헤이 만다라트 혹
은 목표 달성법'입니다.

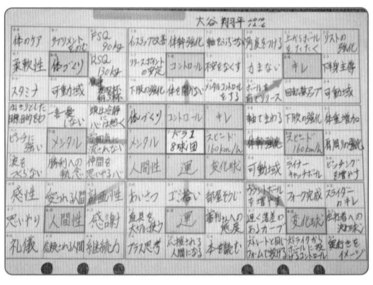

오타니 쇼헤이의 고등학교 1학년 때 목표 (출처: 스포츠경향)

그는 나이대별로 자신의 '야구 인생 계획'을 메모하여 실천해 가고
있습니다. 어린 나이였음에도 불구하고 그의 메모는 힘이 있고, 방향
이 확실합니다. 가장 살벌한 프로의 세계에서 오타니는 '적자생존'의
전형입니다. 이것이 독자님의 변화 모델입니다.

도스토예프스키는 1849년 판결을 기다리며 감옥에서 짧은 메모를 남겼습니다. "인간 내부에는 인내와 생명의 거대한 저수지가 있다. 사실 그것이 이토록 크리라고는 생각하지 못했다. 그러나 이제 난 경험으로 알게 되었다……. 낙담한다는 것은 죄악이다……. 나는 상황이 더 나빠질 거라 예상한다. 그러나 난 지금 내 안에 고갈되지 않는 생명력이 비축되어 있다는 것을 느끼고 있다." 자기 운명의 결정을 기다리던 심판대 앞에서 피 말리던 순간의 짧은 메모가 『작은 영웅』(1857)이라는 가장 밝고 신나는 작품으로 탄생했습니다.

적자생존은 학생들에게도 유효합니다. 하버드생들은 졸업 때까지 약 50kg의 메모를 적는다고 합니다. 강의 노트, 요약, 피드백, 고치기 등 이 과정에서 어마어마한 양이 쌓입니다. 천재들은 '메모의 힘'을 의지합니다. 평범한 사람들이 아닌 천재의 습관을 따라 해 보세요.

다빈치는 어떻게 천재가 되었을까?

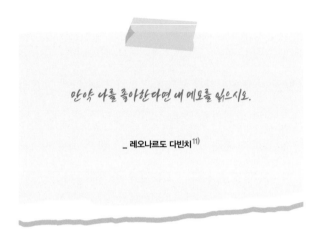

만약 나를 좋아한다면 내 메모를 읽으시오.

_ 레오나르도 다빈치[11]

    다빈치는 물리학, 천문학, 식물학, 지질학, 해부학, 회화 등등 한 손에 꼽을 수 없을 정도로 다양한 분야의 결과물을 세상에 남겼습니다. 이러한 놀라운 업적은 말이 아닌 그의 메모 등에 고스란히 남겨져 있습니다. 그래서인지 다빈치를 처음부터 완성된 천재로 인식하기 쉽습니다. 실패를 전혀 모를 것 같은 인상을 줍니다.

---

11) 사쿠라가와 다빈치, 「초역 다빈치 노트」〈코덱스 마드리드〉

실제 역사 속 다빈치는 처음부터 그렇지 않았습니다. 유약해 보이기까지 합니다. 자신의 후원자들에게 '나의 주인이시여, 제발 돈 좀 주세요!'라고 말하거나, '작업을 중단해서 후회하니, 다시 기회를 주세요.'라고 편지를 썼습니다.[12] 그뿐만 아니라 '나는 실패했다, 성공하지 못했다.'라는 고백까지 합니다.[13] 어쩌면 다빈치도 평범한 플랜 A는 실패했을지 모르겠습니다. 그러나 어느 순간 다빈치의 필치가 달라졌습니다.

"깊이 몰입할 때 어려움을 뛰어넘을 수 있다!"[14]라는 도전적인 모습이 엿보입니다. 메모에 관한 그의 탁월한 정의는 오늘날까지 우리에게 영감을 줍니다. **"항상 작은 수첩을 가지고 다니면서 주의 깊게 관찰한 것을 간략하게 묘사하라. 모든 것을 기억할 수 없으니 메모와 스케치를 본보기가 되는 선생으로 소중히 여기라."**[15] 다빈치 역시 플랜 B의 힘을 깨달은 것 같습니다.

500년이 지났음에도 다빈치의 심정을 우리가 알 수 있는 것은 오

---

12) 마틴 켐프, 『레오나르도(을유문화사)』, 39~40p.
13) 사쿠라가와 다빈치, 『초역 다빈치 노트』, 〈코덱스 아틀란티쿠스〉
14) 사쿠라가와 다빈치, 『초역 다빈치 노트』, 〈코덱스 아틀란티쿠스〉
15) 사쿠라가와 다빈치, 『초역 다빈치 노트』, 〈코덱스 애시번햄〉

로지 메모 덕분입니다. 다빈치는 메모를 통해 상상력과 창의력만 표현한 것뿐만 아니라 자신의 깊은 마음속도 옮겨 적었습니다. **뇌·생각·마음, 즉 자신을 메모장에 옮기며 성장**했습니다. 그가 기록하는 천재, 노력하는 천재였음이 드디어 밝혀졌습니다. 독자님도 메모장에 자신의 마음과 감정을 적어 둔다면 다빈치처럼 제삼자의 관점에서 분석할 수 있게 됩니다.

메타인지 메모는 특히 자신을 관찰하는 아주 탁월한 도구입니다. 막연한 생각이 아닌 자기 내면의 의식 흐름과 변화를 객관적인 시각으로 볼 수 있게 합니다. 메모는 우리의 내면을 보게 하는 창입니다. PART 5. "메타인지 메모"에서 자세히 설명하겠습니다.

레오나르도 다빈치의 천재 메모법[16)]

르네상스 시대의 천재이며, Polymath(다재다능)형 인간으로 예술가, 과학자, 발명가 등등으로 레오나르도 다빈치를 한마디로 설명할 수 없습

---

16) 오픈 AI 사용.

니다. 회화, 조각, 건축, 과학, 기술 등 여러 분야에 걸쳐 뛰어난 업적을 남겼는데, 이러한 업적 뒤에는 그의 메모습관이 큰 역할을 했다고 평가됩니다. 23세부터 죽기 전까지 40여 년 동안 8,000여 쪽의 방대한 메모를 남겼습니다. 그의 메모에는 그림, 도면, 과학적 탐구, 일상생활의 기록 등 다양한 내용이 담겨 있습니다. 다빈치는 이러한 메모를 통해 자신의 생각과 아이디어를 정리하고, 새로운 영감을 얻었습니다.

다빈치의 메모습관을 보면 2가지 큰 특징이 있습니다.

① 기억력 향상
다빈치는 자신이 보고 들은 것을 즉시 메모함으로써 중요한 정보를 놓치지 않았습니다. 다빈치의 이러한 습관은 다양한 분야에 대한 지식을 쌓고, 이를 바탕으로 새로운 창작 활동을 할 수 있는 기반을 마련해 주었습니다.

② 사고력 향상
다빈치는 메모를 통해 자기 생각을 자유롭게 표현함으로써 창의적이고 새로운 아이디어를 계속해서 떠올릴 수 있었습니다. 또한, 다른 사람의 생각도 기록하고 분석함으로써 자신의 사고방식을 확장했습니다.

다빈치의 메모습관은 우리에게도 적용할 수 있습니다. 메모는 단순히 정보를 기록하는 것 이상의 의미를 지닙니다. 메모는 우리의 기억력 향상과 사고력 확장을 도와 창의성을 발휘하는 데 큰 도움을 줍니다.

다빈치 메모법을 우리에게 적용한다면?

① 일상생활을 메모하라.

다빈치는 일상생활에서 접하는 모든 것을 메모하는 습관이 있었습니다. 그는 자신이 보고 들은 것뿐만 아니라, 자기 생각과 느낌, 감상 등도 자유롭게 메모했습니다. 좋은 습관이 쌓여 다양한 영역에서 풍부한 아이디어를 얻게 해 주는 기반이 되었습니다.

② 자신의 생각을 자유롭게 표현하라.

다빈치는 메모할 때 형식과 틀에 구애받지 않았습니다. 메모에는 그림, 도면, 수식, 문장 등 다양한 방법과 표현들을 사용해서 메모했습니다. 창의성은 좋은 습관의 결과였습니다. 독자님도 색다른 도전을 할 수 있습니다.

③ 메모를 정리하고 다시 읽으라.

다빈치는 메모하고 이를 정리하고 다시 보았습니다. 그는 메모한 내용을 분류하고, 필요한 경우 추가적인 설명도 덧붙였습니다. 이 과정에서 다빈치는 자신의 생각을 보다 체계적으로 정리하고, 발전시킬 수 있었습니다.

④ 새로운 아이디어를 꾸준히 메모하라.

다빈치는 반복적인 메모 속에서 새로운 아이디어를 떠올렸습니다. 자신이 메모한 내용을 바탕으로 다양한 연상을 시도하고, 새로운 연결 고리를 찾았습니다. 이 습관이야말로 다빈치가 끊임없이 발전하는 예술가이자 과학자로 거듭나게 하는 원동력이 되었습니다.

레오나르도 다빈치의 메모법은 단순한 정보 기록을 넘어서서, 창의성과 아웃풋을 높이는 효과적인 방법입니다. 처음에는 메모하는 법을 따라 하지만, 꾸준한 노력은 어느새 습관을 넘어 작품이 됩니다!

천재들은 메모에 열광했다

메모는 새로운 생각의 발상지이다.

Memo is the birthplace of new thoughts.

_ 다비드 오그먼트(광고의 아버지, 롤스로이스 광고 기획)

다빈치는 천재 중의 천재로 미술, 과학, 의학, 요리 등 그 활동 무대는 지중해 바다처럼 아주 넓습니다. 그래서 다양한 분야의 사람들이 다빈치를 롤 모델이자, 인생 모델 그리고 천재의 전형적인 유형으로 평가합니다. 전쟁 영웅 나폴레옹도 다빈치를 열망했기에, 그의 메모장을 소유했었습니다.

컴퓨터 천재 빌 게이츠는 어떨까요? 빌 게이츠는 다빈치의 여러 메모 중 한 권을 위해 무려 345억을 투자했습니다. 그뿐만 아니라 빌 게이츠 자신도 메모에 매우 열정적입니다. 그의 습관 중 하나가 **1/4 메모법**입니다. 회의 시작 때 A4용지를 4등분 하여 회의 개요, 의견, 계획, 실행 등을 각 영역에 적습니다. 메모한 것을 일주일간 사색하며 중요한 결정을 내립니다. 천재들은 메모를 사랑합니다. 다빈치, 나폴레옹, 빌 게이츠뿐일까요? 많은 천재들이 메모에 대해 집착했습니다.

르네상스 시대를 연 단테는 "배운 것을 기록해 놓지 않으면 지식은 있을 수 없다."며 메모의 중요성을 강조했습니다. 위대한 천재 과학자이자 수학자인 뉴턴은 죽기 전까지 엄청난 분량의 메모를 남겼습니다. 그래서 현대 과학자들은 뉴턴의 메모를 '생각의 샘'이라고 부릅니다. 링컨 대통령은 항상 모자 안에 필기구와 종이를 휴대하고 다녔습니다. 음악가 슈베르트는 하얀 와이셔츠에 악상을 기록한 것으로 유명합니다. 에디슨은 메모장만 3,200권 정도 되며, 분량으로는 500만 장입니다. 특히 그는 메모를 '생명의 은인'이라고까지 일컬었습니다. 발명 이후에 아주 큰 소송이 있었는데 그를 살린 것이 작은 메모지였습니다.[17]

---

17) 유근용, 「메모의 힘(한국경제신문)」, 전자책.

아인슈타인 역시 메모를 사랑하는 메모광이었습니다. 심지어 그의 메모지 한 장은 최근 들어 약 20억 원에 낙찰되었습니다. 우리가 천재라고 부르는 다빈치를 비롯하여 뉴턴, 슈베르트, 에디슨, 아인슈타인, 빌 게이츠까지 그들은 메모를 사랑했습니다. 아니, 집착했습니다. 천재들은 메모하고 그것을 꼭 활용합니다!

우리가 천재의 능력에 감히 범접할 수 없더라도 좋은 습관은 과감히 따라 할 수 있습니다. 그것이 메모가 가진 강점입니다. 아주 쉽게 따라 할 수 있습니다. 그런 면에서 **메모는 최고의 가성비를 지녔습니다! 천재의 능력이 아니라 천재의 습관을 따라야 합니다.** 지금 당장 천재들의 메모습관을 따라 하세요. 독자님의 미래가 바뀔 것입니다.

메모는 놀라운 힘이 있다

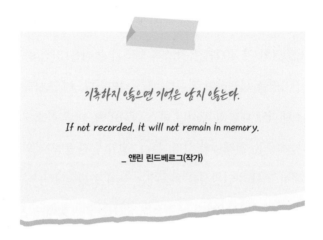

기록하지 않으면 기억은 남지 않는다.

If not recorded, it will not remain in memory.

_ 앤린 린드베르그(작가)

메모는 '개인의 일상'만 바꾸지 않습니다. 인류의 큰 물줄기를 바꾸는 힘도 가졌습니다. 역사의 큰 획 속에 중요한 메모들이 등장합니다. 조선의 예만 들더라도 통치자들이 기록 즉, 메모 문화에 아주 신중하게 접근했습니다. 왕들은 메모를 통해 역사를 새로 쓰게 하거나 자신들만 가지는 고급 정보로 승화시켰습니다. 글씨를 아는 것도 힘이었지만 글을 토대로 메모하고 소유했습니다. 일반인들은 메모에 접근이 어려웠지만 통치자들은 그것을 정보로 바꾸어 활용했습니다.

지금으로부터 100년 전 미국에서 천재들에 대한 연구가 한창이었습니다. IQ(지능지수: Intelligence Quotient) 검사가 발달하지 않은 상황이라, 한 심리학자가 독특한 방법을 사용했습니다. 기준은 1450~1850년의 약 400년간 창조적 업적과 놀라운 지적 능력을 가진 사람 301명을 선택하여 점수를 매긴 것입니다. 이 조사를 시행한 사람은 스탠퍼드 대학의 캐서린 콕스 박사이며, 이를 콕스 지수라고 부릅니다. 콕스는 천재들의 성격, 분야, 생활 습관 등 각각의 개성이 너무 강해서 조사의 일관성을 처음에는 찾지 못했습니다. 다행히 조사의 마지막 단계에서 2가지 공통점을 찾았습니다. **첫째는 '지속적인 열정과 끈기'이며, 둘째는 '지독한 메모광'들이었다**는 것입니다. 역사를 움직인 사람들의 손에는 메모장이 항상 들려 있었습니다. 지금 독자님 손에는 무엇이 들려 있습니까?

유대인들 역시 메모의 힘을 잘 알았습니다. 유대인들은 어릴 적부터 글을 배웁니다. 일차적으로 그들의 종교와 율법을 배우기 위해서입니다. 이후 어릴 적부터 암송과 하브루타 등을 통해 정보를 공유하며 재사용하는 법을 깨닫습니다. 유대인들의 지혜는 종교를 넘어 일상생활과 경제까지 활용의 폭이 넓어집니다. 즉 유대인들은 자신들의 문자와 그 기록인 메모를 사용해서 산업과 무역을 장악했습니다.

오늘날 유대인들은 미국뿐만 아니라 전 세계적으로도 강력한 힘을 발휘합니다.

누군가에게 메모는 아주 보잘것없게 느껴지지만 실은 역사의 분기점에 항상 등장했습니다. 수메르 문화와 바빌론의 돌판 태블릿이 있습니다. 그들의 생각과 사상이 4천 년이 지난 현재까지 이어져 옵니다. 성경에 등장하는 돌판 메모인 십계명은 여전히 많은 사람의 윤리 기준이 됩니다.

큰 역사의 흐름은 잠시 접어 두고 다시 개인에게 시선을 옮겨 보겠습니다. 메모는 '내면의 힘'을 기르게 합니다. 특히 좋은 습관을 형성하면 꾸준함과 성실함을 덤으로 얻습니다. **아웃풋**이라는 생산성이 없다면 좋은 습관은 그저 허울 좋은 말에 불과합니다.

저는 20년 넘게 일기를 써 왔습니다. 일기는 좋은 습관이며, 자신의 내면을 성찰하는 도구입니다. 일기라는 메모 행위를 통해 꾸준히 자신을 객관화하며, 자기성찰을 통해서 문제 해결력을 키웠습니다. 자기반성과 생각의 정리가 삶 속에 녹아들었습니다. 일기는 내면의 힘을 기르는 탁월한 훈련입니다. 내면의 힘이란 마음 먹는 대로 쉽게 생기는 것이 아닙니다. 자신과 자신에게 벌어진 문제를 분리하며, 감정과 이성 양쪽 모두를 조절하는 힘을 의미합니다. 심리학을 배우지 않아도 내면이 건강한 사람이 가진 강력한 힘을 알 수 있습니다.

많은 사람이 자신을 이성적이라고 말합니다. 하지만 자신이 말한 것과 그 행동을 파헤쳐 보면 실제로는 '감정적'인 면모를 더 많이 발견합니다. 자신을 객관화하지 않은 사람들은 자기 인식과 행동에 현저한 차이가 있음을 자신만 모릅니다. 자기 자신의 인식을 실패한 것이지요. 자신에 대한 인지부조화를 보여 주는 사람을 종종 보게 됩니다. 여기에 자신의 잘못 해석한 문제 인식과 감정이 뒤섞이면 문제가 더 복잡해집니다. 오만가지 잡념이 자기를 사로잡아 더 큰 스트레스를 받습니다. 코르티솔(Cortisol)은 스트레스를 받을 때 나오는 호르몬으로 장기간 분비 수치가 높으면 신체 면역력이 떨어집니다.[18] 자신의 뇌를 사용하여 이성적이며 건강하게 문제를 해결할 방법이 있을까요?

지금 당장, 아주 쉽게 도전할 수 있습니다. 고민하는 문제 그 자체를 **'글씨'로 옮겨 '메모장'에 옮겨 적고 벽에 붙이는 것입니다.** 매우 단

---

18) 가바사와 시온, 『아웃풋 트레이닝(토마토출판사)』, 전자책.

순한 행위지요? 이 정도면 충분합니다. 메모장에 적힌 글을 보는 순간 감정의 스위치가 꺼지고 이성의 스위치가 켜지는 발상의 전환이 생깁니다. 문제가 내 안에 있는 것이 아닌 눈앞에 있기 때문에 '관찰'이 시작됩니다. 문제를 객관적으로 분석할 수 있습니다. 이성적 뇌가 발동하여 분노나 두려움의 볼륨은 점점 줄어듭니다. '해결책'을 마련하게 되거나 혹은 일의 순서를 정합니다.

감정의 스위치를 끄고 이성의 스위치를 바로 켜면 됩니다. 이러한 전환을 반복하다 보면 웬만한 일들에 대해서 가슴 졸이는 일들이 급속히 줄어듭니다. 이것은 제가 오랫동안 경험한 것입니다. 그렇게 '내면의 힘'을 기르는 훈련이 반복됩니다. 심지어 다른 사람이 나를 의심할 때, 화를 내기보다 그 상황에 대해서 차분히 설명하는 여유도 생깁니다.

자신의 문제를 어떻게 대할지 훈련이 필요합니다. 감정과 이성을 조절하는 훈련입니다. 타인과 대화 중에도 좀 더 객관적이며 다양한 시각이나 해석을 제시할 수 있는 문제 해결 능력이 점점 증가합니다. 사람의 말에 휘둘리는 것이 아니라 숨겨진 의미나 현실의 한계를 살필 수 있는 여유이지요. 때로는 타인의 생각도 읽게 됩니다. 반복되면 반복될수록 조직에서 문제 해결력을 가진 중간관리자로, 해결사로도 통합니다. 그저 메모만 했을 뿐인데 문제는 해결되고 승진은 계속됩니다.

이렇게 성장을 경험한 사람이 쉽게 실패할 수 있을까요? 저는 불가능하다고 봅니다. 자신이 차근차근 해결했던 것들이 쌓여서 전문가로 자리매김합니다. 이 모든 시작점에 메모가 있음을 잊지 마십시오. 전문가는 기술, 지식, 가치가 있어야 합니다. 메모는 우리의 기술과 지식을 성장하게 하며 내면의 힘을 극대화시키는 아주 유용한 도구입니다.

제가 메모 예찬론자인 것은 맞습니다. 그러나 만능 메모나 완전한 메모가 있다고 주장하는 것은 전혀 아닙니다. 저 역시 지금도 실수하며, 메모해도 놓치는 경우가 종종 있습니다. 하루에 열 개의 실수를 하던 사람이 메모를 통해서 6~7개로 실수를 줄인다면 그것도 분명 성장이라고 할 수 있습니다. 지금도 자기의 일을 잘하는 독자님이 메모의 능력까지 탑재하면 얼마나 더 대단할까요? 저는 그것이면 충분합니다.

메모가 기적을 만든다

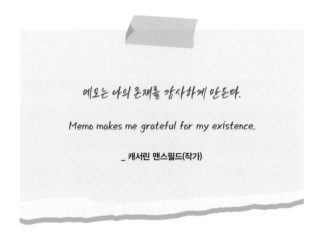

메모는 나의 존재를 감사하게 만든다.

Memo makes me grateful for my existence.

_ 캐서린 맨스필드(작가)

한 사람의 인생에서 변화라는 열매를 맺기 위해 메모라는 씨앗이 필요합니다. 이 씨앗이 "움틀 수 있을까? 커가고 있을까? 열매를 맺을 수 있을까? 내가 편히 쉴 수 있는 나무로 자랄 수 있을까?" 여러 생각이 들 수 있습니다. 메모에 정말 그런 능력이 있는지 의문도 듭니다. 독자님의 고민을 해결해 줄 한 사람을 소개합니다.

그녀는 처절한 장애가 있는 인물이었습니다. 아무것도 볼 수 없었습니다. 이것만으로도 절망스럽지 않습니까? 그녀는 보이지 않을 뿐만 아니라 귀가 들리지도 않았습니다. 심지어 말도 못 했습니다. 이런 상황이 상상이나 되시나요? 인생 자체가 폐쇄된 터널에 있는 것과 같았습니다.

그녀를 처음 본 선생님은 꼭 늑대 소년을 본 것처럼 묘사했습니다. "머리는 헝클어져 있었고, 어둡고 반항적인 야성의 아이였다." 선생님의 이름은 설리번, 그 늑대 아이는 20세기 기적의 소녀로 불리는 헬렌 켈러입니다. 헬렌 켈러는 어릴 적부터 세상과 소통할 수 없었습니다. 아니, 느낄 수조차 없었습니다. 어두컴컴한 현실, 그리고 끝이 보이지 않은 짙은 두려움. 심연 속에서 그녀는 자신만의 암흑세계를 구축하며 살고 있었습니다. 이런 그녀에게 설리번은 천천히 다가갔습니다.

어느 날 설리번 선생님은 헬렌의 손바닥에 힘겹게 손가락 메모를 했습니다. 'D, O, L, L(인형)'. 모든 것에 단절돼 있던 헬렌에게 그런 행동은 아무런 의미가 없었습니다. 세상 그 어느 것도 인식하지 못했기 때문입니다. 심지어 이러한 손가락 메모가 지긋지긋하여 선생님에게 화를 내며 밀쳐 내기까지 했습니다. 이런 일이 반복되는 와중에 설리번과 헬렌은 산책을 나갔습니다.

설리번은 어느 오두막에 있는 우물가를 발견했습니다. 설리번은 갑자기 헬렌의 손을 잡고 우물가로 끌고 갑니다. 그녀는 헬렌의 한 손을 차가운 물에 적시고 또 다른 한 손바닥에 'W, A, T, E, R(물)'이라는 손가락 메모를 꼭꼭 눌러 적었습니다. 이 순간의 기억을 헬렌 켈러는 생생히 기억하고 있습니다.

"손가락에 적는 선생님의 메모가 무엇인지 드디어 알게 되었습니다. W, A, T, E, R은 이상한 것이 아니라 아주 부드럽고 차가운 물 (Water)라는 것을 깨달았습니다."[19]

헬렌은 그 손가락 메모가 어두컴컴한 세계에 갇혀 있는 자신에게 비치는 찬란한 빛이라는 것을 깨달았습니다. 암흑세계가 아닌 드넓은 대지로 나가는 경험을 합니다. 헬렌 켈러에게 손가락 메모는 이전까지 아무런 의미가 없었습니다. 그렇지만 물과 메모가 손에서 동시에 만나는 순간 그녀에게 손가락 메모는 완전히 새로운 세상을 여는 창이 되었습니다. 이것이 바로 미라클 메모입니다. 독자님 자신도 헬렌처럼 메모를 통해 새로운 세상, 새로운 생각, 변화하는 자신을 발견할 수 있습니다.

---

19) 나카지마 다카시, 『메모하는 습관(시간과공간사)』, 181~82p.

단편 영화 〈버터플라이 서커스〉는 미국의 1930년대를 배경으로 합니다. 영화에 등장하는 서커스 단원들은 장애가 있는 사람들이었습니다. 당시 시대적 눈으로는 매우 괴기스럽게까지 표현합니다. 그중에 '윌' 역을 맡은 남자 주인공이 있습니다. 그는 팔과 다리가 없는 단원인데 이는 CG가 아닙니다. 실제 팔과 다리가 없고 복부 아래 바로 발가락 몇 개만 있는 '닉 부이치치'라는 인물입니다.

그는 불리한 신체적 상황에도 불구하고 스케이트보드도 타고 결혼하고 심지어 자녀도 낳았습니다. 그가 사용할 수 있는 것은 단지 발가락 몇 개뿐입니다. 닉은 불편한 몸으로 온 세계를 누비며 사람들에게 희망의 메시지를 전달했습니다. 손가락이 아닌 발가락 몇 개로 말입니다. 사람들은 발가락 메모에 열광했습니다. 그는 발가락 메모로 베스트셀러를 집필했습니다. 핸드폰 메시지와 이메일 답장을 보냅니다. 이보다 더 대단한 메모의 기적이 있을까요? 혹 여전히 메모가 쓸모없다고 말하는 분이 계실까요?

손발이 있고, 눈과 귀가 작동을 한다면 독자님은 기필코 메모를 시작해야 합니다. 변화의 열매를 가지려면 가장 먼저 메모의 씨앗을 심어야 합니다. 메모는 아주 작은 습관이지만, 헬렌 켈러와 닉 부이치치에게 새로운 인생을 선물했습니다. 분명 독자님의 인생도 변화시킵니다. 메모장이 작다고 영향력마저 매우 작을 것이라고 미리 결론 내리지 마세요. 우리는 메모의 기적, 미라클 메모를 만났습니다. 이제 기억의 주인공은 독자님 차례입니다. 생각과 행동이 바뀌어야 할 선택의 순간입니다. 씨앗을 심을 준비가 되셨나요?

Memos make miracles!
메모가 미라클(기적)을 만듭니다!

PART 2.

뇌혁명의 시작은
메모루틴이다

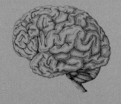

메모루틴 만들기

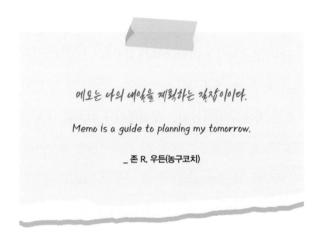

메모는 나의 내일을 제획하는 길잡이이다.

Memo is a guide to planning my tomorrow.

_ 존 R. 우든(농구코치)

PART 1에서는 미라클 메모를 통해 꼭 메모해야 한다고 했습니다. PART 2에서는 본격적으로 메모습관과 메모의 기술을 배우셔야 합니다. 1단계는 **메모루틴 만들기입니다!**

메모에 본격적으로 입문하려면 목표는 단 하나, **'반복하기'**입니다. 메모를 잘하는 것이 지금 목표가 아닙니다. 잊지 마십시오! 1단계를 생략하고 다음 단계로 넘어갈 수 없습니다. 독자님의 목표는 메모루틴 형성을 위한 반복! 반복! 반복입니다. 메모하겠다는 의지를 계속

불태워 습관화해야 합니다. 메모습관인 메모루틴을 형성해야 합니다. 메모 행위 자체가 독자님의 첫 번째 아웃풋입니다.

　루틴에 대해서 뇌과학은 무엇이라고 할까요? 신경세포(뉴런)는 새로운 정보를 받아들이거나 새로운 습관을 만들어 갈 때 생성됩니다. 신경세포에는 정보를 받아들이는 **수상돌기**와 정보를 내보내는 **축삭돌기**가 있습니다. 수상돌기는 수백 개 가지이지만 축삭돌기는 하나뿐입니다. 축삭돌기는 1mm보다 짧은 것에서 1m보다 긴 것도 있습니다. 그 끝에 정보를 주고받는 주머니같이 생긴 것이 '시냅스'입니다. 세포체에서 시냅스까지 신호가 원활하게 전달되기 위해서는 축삭돌기의 말이집이 두꺼워야 합니다. 두꺼울수록 정보(신호)의 양도 늘어납니다. 근력 운동을 반복하면 몸에 근육이 두꺼워지는 것처럼 말이집도 그렇습니다.

　메모를 습관화하는 훈련에서 메모루틴이 형성됩니다. 루틴(Routine)은 독자님이 행하는 반복된 행동과 학습된 사고로 인한 결과물입니다. 반복된 행동이 독자님의 인생을 만듭니다.[20]

---

20) 마르틴 코르테, 『성취하는 뇌(블랙피쉬)』, 147p.

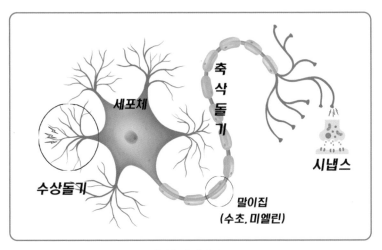

신경세포(뉴런)의 구조

    메모를 안 하던 사람이 메모를 하는 것은 근육 운동을 시작한 것과 비슷합니다. 안 하던 운동을 하면 몸이 피곤하고 통증이 옵니다. 그때 뇌에서는 새로운 신경세포가 형성되고, 축삭돌기가 시냅스를 통해 다른 세포와 정보를 주고받고, 반복적인 활동 속에 말이집이 두꺼워집니다. 메모루틴이 형성되는 중입니다.[21]

    메모가 지겹거나 실패하거나 좌절이 오더라도 독자님의 목표는 오직 반복입니다. 새로운 신경세포가 생겨야 하니 뇌에 에너지 공급이

---

21) 손종호, 『시냅스 러닝(박영스토리)』, 9-10p.

필요합니다. 지금은 메모를 잘하는 것이 목표가 결코 아닙니다. 작심삼일도 꾸준히 하십시오! 실패할 수 있지만 노력의 과정은 뇌세포가 기억하여 습관으로 정착됩니다. 실패의 경험만 쌓인다고 한탄할 것이 아니라 독자님만의 메모루틴이 생기는 과정, 신경세포가 생성되는 중이라고 위안 삼아야 합니다. 독자님은 이미 변화의 첫 단추를 끼웠습니다.

메모루틴을 위한 4가지 습관

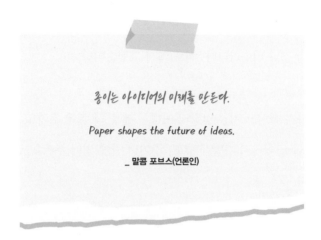

종이는 아이디어의 미래를 만든다.

Paper shapes the future of ideas.

_ 말콤 포브스(언론인)

① 포스트잇, 수첩, 다이어리, 노트 등 자신에게 맞는 메모지를 우선 챙겨라.

② 다양한 펜을 사용해 보자. 여러 곳에 펜을 두라!

아주 간단합니다! 메모지를 챙기고 펜으로 쓰세요. 단지 그것뿐입니다(That's it)! 루틴을 형성하기 위해서는 **반복이 핵심**입니다. 더 이상의 생각이나 고민도 필요 없습니다. 메모를 잘하려고 시도하다 보면 메모지는 챙겼는데 펜을 못 챙긴 경우도 부지기수입니다. 펜을 가지고 나왔는데 그날따라 갑자기 펜이 고장 나기도 합니다. 마음먹은 대로 써지지도 않습니다. 심지어 무엇을 쓸지 답답하기까지 합니다. 시작은 누구나 비슷합니다. 저도 역시 그랬습니다.

생각하지 마시고 지금 당장 일어나서 펜을 책 옆에 두세요. 여분의 펜을 지금 일어나서 가방에 넣고, 주머니 안에 넣어 두세요. 그게 시작입니다.

③ 무조건 적는다.

오만가지 생각, 갑자기 떠오른 명대사, 일기, 가계부 등 거르지 말고 무조건 적으십시오. 잘 적으려고 노력하지 마십시오! 멋진 정리나 명필체도 필요 없습니다. 책을 읽다가, 뉴스를 보다가, 지하철로 이동하다가 끼적끼적 적습니다. 손이 아플 정도로 계속 적습니다. 적는 것이 기쁨이 되어야 합니다. 독자님은 점점 메모인(memo人)이 됩니다.

일본의 뇌과학자 모기 겐이치로의 『업무뇌(Professional Brain)』에서도 강조하는 것이 비슷합니다. "무조건 아웃풋을 시도하라.",

"성과를 내는 비결, 일단 써라!" 애플의 창업자 고(故) 스티브 잡스가 자주 외쳤던 말은 "Real artists Ship(진정한 예술가는 발매한다)!" 입니다.[22]

④ 메모를 꾸준히 하다 보면 "써야 할 것과 쓰지 말아야 할 것"을 구분하는 능력이 생긴다.

사람의 뇌는 한정된 메모리를 효과적으로 활용하기 위해 '삶에 필요한 정보'와 '불필요한 정보'를 구분 짓습니다. 즉 가성비는 오늘날만 유행하는 단어가 아닙니다. 우리의 뇌는 효율성을 좋아합니다. 이런 효율성과 가성비를 판단하는 문지기가 해마입니다.[23] 메모를 하면 자연스럽게 해마가 작동합니다. 메모루틴이 형성되는 사람에게 '판단력과 이해력'은 필수로 따라옵니다.

꾸준히 적고 또 적은 어느 날 독자님의 삶 속에 메모루틴이 형성되었음을 발견합니다. 자기도 모르게 펜과 종이를 찾는 스스로를 보며 대견해합니다. 그 감탄도 잠시 조용히 자신에게 말합니다. '메모를

---

22) 모기 겐이치로, 『업무뇌(브레인월드)』, 23-29p.
23) 이케가야 유지, 『최적의 공부 뇌』, 25p.

더 잘하고 싶다! 어떡하지?' 독자님은 여러 책과 글과 영상도 찾아봅니다. 그리고 공통점을 발견합니다! '선택과 집중'입니다.

어디에 써야 할지, 어떤 식으로 표현할지, 무엇을 써야 할지, 어떤 색깔[24]로 써야 할지를 판단하기 시작합니다. 좀 더 메모를 잘하고 싶은 독자님은 스스로 뇌를 자극하고 있으며, 자기 뇌 속에서 해마가 쉬지 않고 작동합니다. 찰나에 '선택과 집중'을 판단하고 메모하는 독자님은 자기의 능력치를 최대한으로 끌어올리는 전문가로 성장 중입니다. 그럼에도 독자님은 여전히 목마릅니다. 한계를 계속 극복하고 싶은 욕구를 발견합니다. 독자님의 도파민이 뇌 속에서 춤을 춥니다. 천재들이 그랬고, 저도 그랬으며, 독자님도 경험 중입니다.

성장을 꿈꾸는 사람들이 메모를 시작하면 '습관'에 변화가 생깁니다. 뇌과학에서 이를 설명하면 다음과 같습니다. **신경세포(뉴런)가 연결되면서 새로운 회로가 생깁니다. 신경세포의 축삭돌기 끝인 시냅스가 활발히 움직이며 전기신호를 보냅니다. 더 많은 신호가 전달되도록 말이집(수초=미엘린)이 두꺼워집니다.**[25] 새로운 습관이 생긴다는 것은

---

24) PART 3. "컬러 메모 시스템"을 참조하세요.
25) 뇌과학 책마다 용어 차이가 있습니다. 예를 들어, 신경세포=뉴런, 말이집=수초=미엘린, 마루엽=두정엽, 전두엽=이마엽, 관자엽=측두엽 등등입니다.

독자님의 뇌가 끊임없이 자극을 받고 확장된다는 증거입니다. 다른 말로 신경세포가 생성된다는 의미이며, 새로운 길(회로)을 닦고 있다는 것입니다. 독자님의 뇌에 브레인 메모가 장착 중입니다! 모든 순간의 메모가 아웃풋이라는 결과물입니다.

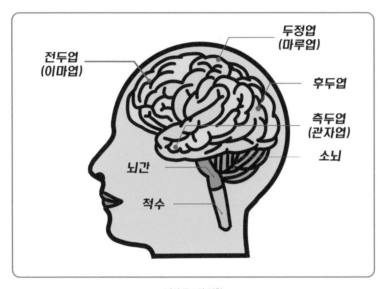

뇌의 구조와 명칭

메모루틴은 단순히 메모습관을 갖는 것 이상입니다. 앞서 뇌과학적인 용어를 썼지만, 쉽게 말해 삶 전체에 변화의 펌프질이 가속화된다고 할 수 있습니다. **아웃풋**하는 뇌로 바뀌어 가는 중입니다. '나의 미래가 변할 수 있을까?'라며 걱정했던 사람이 어느샌가 '할 수 있다'는 자신감과 성취감과 긍정의 말로 바뀝니다. 사고방식의 변화는 생각의 변화이며, 이는 성공하는 뇌로 바뀌어 간다는 의미입니다. 저역시 그랬습니다. 순간적인 메모를 넘어서서 메모루틴을 통해 창조적인 생각을 더 원했습니다. 잘한다가 아니라, '꾸준히'가 지금은 훨씬 중요합니다. 반복이 기적을 만듭니다.

독자님의 메모루틴을 통하여 신경세포들이 활발히 움직이며 뇌의 회로가 적극적으로 만들어집니다. 뇌는 더 이상 이전의 자신이 아닌 새로운 사람으로 인식 중입니다. 갤럭시를 쓰던 사람이 아이폰에 적응하는 것처럼 말입니다. 갤럭시에서 iOS를 사용할 수 없고, 아이폰에 안드로이드 운영체제를 적용할 수 없습니다. 과거에 얽매였던 독자님의 뇌 회로는 더 이상 존재하지 않습니다. 새로운 생각을 하며, 생각이 더 큰 생각을 낳고, 창의적이고 놀라운 발상에 도전합니다. 메모는 뇌혁명을 일으키는 촉매제입니다. 독자님은 정말 변했습니다. 브레인 메모는 독자님을 스마트하게 성장시킵니다!

그럼에도 자기의 변화를 확신하지 못한 분이 계신다면 이런 방법을 사용해 보세요. **독자님이 하는 말을 지금부터 메모하세요.** 말을 기억하기 힘들다면, 자신의 메모지들을 모아 시간 순서별로 나열하세요. 일기장을 열어 최근에 쓴 것과 예전에 썼던 문장을 비교하세요. 이전 글들은 불명확하고 어리숙하고 무슨 말을 하는지 이해가 안 됩니다. 그런데 최근의 글은 문장력이 향상되고, 의미가 또렷해지고 깊어진 것을 발견할 수 있습니다. 머리로 생각하지 마시고 몸을 일으켜 확인해 보세요!

심지어 어떤 메모는 자신이 썼는지 놀랄 정도입니다. 부정적이며 우울했던 표현이 점점 보이지 않습니다. 밝고 명랑하고 긍정적으로 변한 필체를 발견합니다. 독자님은 그 변화를 맛보았습니다. 메모루틴을 통해 성장을 몸소 체험하고, 뇌는 기쁨의 도파민을 분출합니다. 도파민이 더 뿜어져 나오도록 자기 스스로 격려하세요!

메모루틴은 도파민을 만든다

기록은 우리가 성장하는 과정을 증거로 남긴다.

Recording serves as evidence of our growth process.

_ 레슬리 크레임(작가)

메모루틴을 통해 정보를 수집하고 기록하며, 이를 통해 뇌가 새로운 경험을 얻고 학습하는 과정이 지속됩니다. 긍정적 선순환이 일어납니다. 이때 메모루틴으로 발생하는 성취감과 보상은 도파민 분비를 촉진합니다. 도파민은 뇌의 학습과 기억에 중요한 역할을 하는 신경전달물질로, **기억의 비타민**이라고 불립니다.

메모루틴을 자극하는 도파민은 일상에서 수행하는 작은 목표를 '더 많이 그리고 자주' 달성하게 합니다. 새로운 정보를 익히는 활동이 더 활발해지도록 격려합니다. 메모루틴을 성취하는 과정 속에서 도파민이 분비됩니다. 일련의 과정 전체가 긍정적 경험으로 각인되어 더 많은 도파민 분비와 만족감이 찾아옵니다. 메모루틴을 통한 도파민 분비는 자기 계발, 목표 달성, 창의성 향상 등 삶의 전반에 긍정적 영향을 미칩니다. 메모가 독자님의 뇌를 변화시킵니다. 뇌혁명의 순간입니다. 메모루틴은 활발한 에너지의 충전소이자 그 자체가 매우 즐겁습니다.

도파민의 역할[26]

① 학습과 기억 강화: 도파민은 뇌의 학습과 기억 중추인 해마(Hippo-campus)에서 분비되어 새로운 정보 저장 및 기억 회복을 촉진합니다. 메모루틴 성취를 통해 도파민은 해마의 활동을 향상시켜 효과적으로 정보를 기억하게 합니다.

② 집중력과 동기 부여: 도파민은 뇌의 보상 시스템과 연결되어 있습니다. 목표 달성이나 즐거운 경험에 대한 기대감을 높여 줍니다. 도파민 분

---

26) 오픈 AI.

비가 늘어나면, 학습이나 작업에 대한 집중력과 동기를 유발하여 더 효율적으로 지속할 수 있는 힘을 줍니다.

③ 스트레스 감소: 도파민은 스트레스 호르몬인 코르티솔의 분비를 억제합니다. 긴장감과 불안감을 줄이는 효과도 있습니다. 학습이나 작업 중 스트레스를 효과적으로 관리하여 긍정적인 학습 환경을 조성합니다. 즉, 즐거운 공부를 하게 합니다.

도파민 분비를 높이는 방법으로는 (1) 새로운 것을 꾸준히 경험할 것 (2) (자기) 목표를 설정하고 달성할 것 (3) 지속적인 운동 (4) 충분한 수면 (5) 건강한 식단 유지가 있습니다.

변화를 확인하기 위해서는 반드시 기준점이 필요합니다. 독자님에게 변화의 기준은 무엇인가요? 평범한 사람들의 실수인 '막연한 생각'으로 접근하면 안 됩니다. 실제 변화를 관찰할 수 있는 것이어야 합니다. 저는 일기와 메모를 통해 **변화의 속도와 방향**을 확인할 수 있습니다. 초등학교 시절 학생 노트에 일기를 썼고, 사춘기가 시작되면서 열쇠 달린 일기장으로 바꾸었습니다. 그중 몇 권은 아직도 깊은 서랍 속에 고이 모셔 두고 있습니다. 군대에서는 '수양록'에 일기를 썼습니다. 고등학교 때부터 쓴 일기는 대학 노트였습니다.

지난 일기를 훑어보면 제 삶의 행적들을 살펴볼 수 있습니다. 나만의 생각, 행적, 내 스몰 데이터(My Small Data)가 쌓여 갑니다. 이러한 스몰 데이터가 있어야 관찰하며 분석할 수 있습니다. 이전에는 어설픈 인풋과 아웃풋이었다면, 지금은 전혀 다릅니다. 메모로 아웃풋하는 독자님은 결과물들을 편집하고 더 긴 호흡의 글을 쓸 수 있습니다. 자신의 변화가 보이시나요? 독자님의 뇌는 도파민으로 가득합니다!

처음에는 사람이 습관을 만들지만, 결국은 **습관이 사람을 만듭니다.** 생각이 나를 바꾼 것이 아니라 습관이 자신을 바꾼 것입니다. 좋은 습관을 형성했다면 그다음은 일사천리(一瀉千里)입니다. 일본이 낳은 세계적인 소설가 무라카미 하루키는 200자 원고 20매를 매일 비슷한 분량으로 집필합니다. 그것입니다. 매일 루틴을 통해 세계적인 베스트셀러를 내놓았습니다. 산을 정복한 사람만이 높은 정상에서 신선한 바람을 들이마실 수 있습니다. 이제 독자님의 차례입니다. 변화의 바람을 느끼세요!

저도 메모습관이 점점 만들어져 갔습니다. 메모들이 모여 블로그와 잡지에 쓸 기초 원고가 되었습니다. 비행 중 떠오른 아이디어를 단지 적었을 뿐인데 훌륭한 기사의 초안이 되었습니다. 더 많은 메모들이 모여 현재 독자님이 읽는 책이 되었습니다. 메모는 변화의 밑거름입니다.

대학 시절 어두운 논두렁을 친구와 거닌 적이 있습니다. 너무 깜깜해서 무서웠지만 저 멀리 전봇대에 매여 있는 작은 전등이 문득 눈에 띄었습니다. 작은 등 하나가 방향을 알려 주는 '등대' 역할을 했습니다. 메모도 이와 마찬가지입니다. 아주 작은 행동이지만 그것이 어두운 길을 걷는 독자님에게는 변화의 등불처럼 크게 다가옵니다. 어두운 곳에서는 빛의 크기가 그리 중요하지 않습니다. 빛의 존재 자체가 소중하기 때문입니다. 독자님의 변화는 꼭 메모로부터 시작합니다. 그래서 변화의 첫 단추가 메모여야 한다고 강력히 반복하는 것입니다.

생각을 적고, 약속을 적고, 단어를 적으세요. 처음에는 메모장, 찢어 낸 종이, 달력, 책 귀퉁이, 핸드폰 등등 상관없습니다. 그냥 적는 것입니다. 습관 형성에는 최소 3주의 시간이 필요하다고 합니다. 그러나 『메모의 기술』을 쓴 사이토 켄지는 '메모습관이 형성되려면 더 긴 시간이 필요했다'고 고백합니다. 그러니 지금 당장 펜과 종이를 곳곳에 두세요. 습관은 생각만으로 그냥 되는 것이 아니고 만들어 가야 합니다. 독자님은 현재 변화라는 작품을 만드는 조각가입니다. 돌을 깎는 데 힘이 드는 것은 당연합니다.

메모 중 일부는 '삶에 대한 고찰'일 것입니다. 그 메모를 쓰고 생각하는 동안 독자님은 자신도 모르게 내면의 힘이 쌓여 갑니다. 자기성찰 메모를 통해 독자님은 자신을 돌아보고 원인과 이유를 자연스레 살피며 때로는 치유의 시간도 가집니다. 그 과정 자체가 독자님을 객관적으로 보는 훈련이죠. 이 과정에서 무엇을 느낄지 각자 다르지만 그것은 중요하지 않습니다. 독자님이 변화의 갈림길에 들어선 것만은 분명하기 때문입니다.

독자님은 저와 함께 목표를 향해 달립니다. 메모습관이 쌓이고 메모루틴이라는 정상에 서게 됩니다. 그것으로 독자님의 성취 욕구가 달성되어 도파민이 분비됩니다. 또 다른 산을 정복하러 발길을 옮기듯, 어려움을 극복하는 **도전하는 루틴**이 자기 삶에 드디어 장착됩니다. 산에 자주 오르다 보면 메모루틴 자체가 발전되어 갑니다. 스스로 피드백하며 자기 단점을 점점 극복합니다. 자신의 단점을 파악하는 것도 쉽지 않지만, 그것을 극복하기란 더욱 어렵습니다. 그러나 독자님은 그 어려운 것에 도전하는 중입니다. 얼마나 대담한 도전인가요?

자기 자신을 돌아보고, 진행되는 프로젝트를 점검하고, 여러 루트를 개척하는 도전자가 됩니다. 독자님의 뇌는 엄청난 브레인맵(뇌회로)을 형성하여 자연스럽게 창의적 결과물을 만드는 사람이 됩니다. 사람마다 메모에 투여하는 강도에 따라 속도 차이는 발생합니다. 그러나 현재는 속도가 그리 중요치 않습니다. 올바른 방향을 찾았기 때문입니다. 이후 독자님은 메모루틴의 결과로 승진뿐만 아니라 만나는 사람들도 바뀌게 됩니다. 권하는 것은 이 부분을 꼭 접어 두고(북마크) 자주 반복해서 읽으셔야 합니다.

메모는 자신만의 스몰 데이터가 아닙니다. 가족에게 평안을 주는 정보이며 회사에서는 자신의 가치를 높이고 직급에 실제적인 영향을 끼칩니다. 메모는 돈이자 성공의 지름길입니다! 아직도 주저하시나요? 메모하지 않는 사람은 인생의 기회를 날려 버립니다. 메모루틴, 메모 근육을 만드세요! 메모루틴이 독자님을 성장시킵니다.

메모루틴을 평가하라

> 메모는 내 마음의 소리를 듣기 위한 지침서이다.
>
> Memo is a guide to hearing the voice of my heart.
>
> _ 테레사 라로케(작가)

현재 자신의 메모에 몇 점을 주실 수 있나요?

세상일에는 억지로 시켜서 되는 일과 시켜도 안 되는 일이 있습니다. 자녀에게 인사를 한 번 시키는 것은 가능하지만, 인사성 좋은 아이로 만드는 것은 부모님의 많은 노력과 잔소리로 만들어 갑니다. 메모습관은 어떨까요? 메모도 한 번은 시켜서 됩니다. '펜 가져와라! 종이 가져와라!'로 메모하는 척 시킬 수 있습니다. 그러나 메모루틴을 형성하기란 정말 쉽지 않습니다. 만약 이 책을 꽤 오랫동안 혹은 여러 번 읽는다면 제 의견에 동조할 것입니다.

　그러면 어떻게 해야 할까요? 단순합니다! 시켜도 안 되는 일, 억지로 하기 힘든 일은 이를 꽉 깨물고 반복적 도전을 할 수밖에 없습니다. 다른 방법이 없습니다. 메모는 무한 도전입니다. 자신에게 메모가 잘 안된다고 고백하세요! 인정하세요. 작심삼일을 계속해서, 계속해서, 계속해서 도전하세요. 이 책을 읽는 동안 독자님은 억지로라도 메모하려고 노력할 것입니다. 잘 안된다면 책을 여러 번 읽으면 됩니다. 펜을 들고 와서 여백에 메모하려고 노력해야 합니다. 여전히 앉아 있다면 당장 펜을 가지고 오세요.

　억지로 하는 일에는 에너지가 많이 듭니다. 생각도 해야 하고, 실천도 해야 합니다. 때로 정말 귀찮습니다. 이러한 내면의 싸움이 매일 반복되지만 어느 순간 자신에게 메모루틴을 발견한다면 어떨까요? 메모루틴이 생긴 자신을 상상해 보세요! 그동안의 내적 갈등이 좋은 기억으로 순식간에 바뀝니다. 그뿐만 아니라 스스로 성장과 변화의 재미를 느꼈기에 에너지 방전이 아닌 충전이 됩니다. 비행기가 연료의 상당 부분을 처음 이륙할 때 쓴다고 합니다. 이것이 메모루틴을 만들기 위한 에너지 소비와 비슷합니다. 처음은 비행기도, 독자님도 힘듭니다.

메모에 관한 많은 서적에서 '여행'이라는 단어를 심심치 않게 발견합니다. 여행이야말로 평범한 일상에서 벗어나 발상의 전환을 가지는 좋은 기회입니다. 특히 혼자 떠나는 여행은 조용히 앉아, 생각이 생각을 낳으며 색다른 아이디어들이 쏟아집니다. 필자 역시 김포-김해 간 왕복 비행기에서 시 몇 구절과 생각들을 수첩에 적었습니다. 아무런 방해도 없었습니다. 저 높은 하늘에서 메모의 기쁨을 만끽했습니다.

여행이 당장 어렵다면 조용한 산책을 추천합니다. 덴마크를 대표하는 동화 작가 안데르센은 숲속을 거닐며 창작을 즐겼습니다. 영국의 찰스 디킨스는 숲이 아닌 밤거리를 다니며 커피숍 등에서 글의 소재들을 발견했습니다.[27] 이제 독자님의 차례입니다. 일어나 걷고 적으세요!

이번 장은 독자님을 위해서 반복해서 읽으세요. 그리고 자신의 메모습관을 평가해 보세요. 다른 사람의 말, 충고가 중요한 것이 아니

---

27) 김영진, 『메모의 정석(큰방)』, 59p.

라 자기 스스로 변화해야겠다는 도전 의지가 훨씬 중요합니다. 중요한 대화를 메모해야 합니다. 갑자기 떠오르는 생각을 적을 수 있습니다. 사람이 떠오르기도 하고 약속이 떠오르기도 합니다. 그 모든 것을 바로 적는 훈련이 필요합니다. 지체 없이 적으세요! 화장실에서, 기차에서, 운전 중에, 길을 가다가, 목욕탕 등등 자신의 한계가 어디인지 끝까지 달려가 보세요. 메모는 한계가 없어 매우 즐거운 도전입니다.

펜과 종이를 준비하셨나요? 메모를 하면 자연스럽게 좀 더 좋은 단어나 표현을 순간적으로 판단합니다. 이 하나만으로도 독자님은 표현력 외에 선택과 집중도 자연스럽게 익힙니다. 지금도 책을 읽다가 '메모의 목적 그리고 효용 가치'에 대해서도 생각할 수 있습니다. 그 생각을 메모해야 합니다. 저는 지금 메모 판매자가 아닌, 독자님의 내면을 살피는 거울입니다. 메모가 독자님의 좋은 친구이자, 상담자입니다. 떠오르는 다양한 생각들을 차분히 메모장에 옮기시면 됩니다.

어떤 메모는 정보를 전달하는 것에서 끝이지만, 또 다른 메모는 독자님에게 성공과 돈을 가져다주는 강력한 메모가 됩니다. 메모는 독자님 인생에 성과를 높입니다. 그러던 중 독자님의 인생 메모가 탄생합니다. 인생 메모 조각들이 쌓여서 가치를 높이는 황금알이 됩니다. 독자님의 메모는 얼마인가요?

메모의 장애물을 피하라

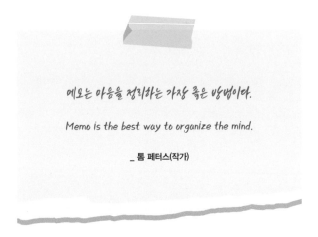

메모는 마음을 정리하는 가장 좋은 방법이다.

Memo is the best way to organize the mind.

_ 톰 페터스(작가)

　어떤 책에서는 메모를 위해 인생을 사는 것처럼 말하며, 우선순위에도 착오를 일으킵니다. 메모를 하지 않는 행위가 대역죄인(大逆罪人)처럼 취급합니다. 메모는 변화를 열망하는 사람들의 씨앗이자, 아웃풋을 위한 연료이지, 절대로 인생 자체가 아닙니다. 쉽게 말해 메모하기 위해 인생을 사는 게 아닙니다. 메모는 내 인생을 풍요롭게 만드는 도구이지, 제 자신이 절대 아닙니다. 자신을 위한 메모여야지, 메모를 위해 내가 존재하는 것이 절대 아닙니다. 그럼에도 불구하고 저는 독자님의 메모루틴 형성을 위해 끊임없이 자극할 것입니다.

메모는 변화의 첫 단추입니다. SNS와 수많은 매체 속에서 현재의 자기를 사랑하지 못하고 만족하지 못한 청년들, 절망하는 젊은 친구들을 심심치 않게 봅니다. 어딘가에 숨어서 다른 이의 삶을 엿탐하거나 부러워하거나, 심지어 긍정적인 미래 만들기를 포기한 모습들입니다. 그러나 저는 메모가 비록 작은 행위이며 날갯짓이지만, 젊은 친구들에게 무척 큰 도움이 되리라고 생각합니다. 메모를 통해 자신의 부정적인 삶의 태도를 날려 버릴 수 있습니다. 세상을 향해 두려움으로 움츠려 있는 자아의 알을 깰 수 있습니다. 바로 지금이 그 기회입니다.

"변화에 대한 열망을 포기하지 말라!", "메모를 포기하지 말라!", "반복적인 도전이 기적을 만든다!" 저는 독자님이 트랙을 끝까지 완주하도록 돕는 메모 코치이며 멘토이자, 페이스메이커(Pace Maker)입니다. 약간의 잔소리를 반복하는 것이 제 역할입니다. 변화의 목적지를 향해 끝까지 달려가세요!

메모가 습관으로 정착하는 동안 '변화할 수 있겠어?'라는 불신의 목소리가 종종 들립니다. 이 외에 다양한 심리 요인도 작용합니다. 달라지겠어? 성장하겠어? 이런 부정적인 내면의 소리가 '메모의 장애물'입니다. 또한 외부의 목소리도 들립니다. 네까짓 게 성공할 수 있겠어? 잘난 척하기는, 등등. 독자님은 이런 장애물을 만나면 무척 당황합니다. 그러나 이것은 가로막는 것처럼 보일 뿐이지 간단히 뛰어넘을 수 있습니다. 더 높은 곳을 향해 뛰게 하는 허들입니다. 나를 성장시키는 기회로 삼으세요.

메모하지 않던 사람이 메모를 시작하려면 두 배의 시간과 노력이 듭니다. 안 되는 게 아니라 익숙하지 않아서입니다. 이것이 중요한 포인트입니다. **안 되는 것이 아닌 익숙하지 않은 것!** 끝까지 해낼 수 있다는 믿음이 필요합니다. 그 믿음이 독자님의 습관 아니, 인생을 바꿉니다. 독자님은 반드시 메모인으로 거듭날 수 있습니다.[28]

헬렌 켈러와 닉 부이치치를 통해서 **"미라클 메모(메모의 기적)"**를 발견했습니다. 부정적인 상황 정도가 아닌, 메모가 거의 불가한 극단적 상황에 있던 메모인들이었습니다. 하기 싫은 정도가 아닌 '할 수 없을 것 같은 두 사람'은 메모를 통해 인생이 바뀌었습니다. 목적지가 이제 코앞입니다. 포기하지 마세요!

---

28) 마르틴 코르테, 『성취하는 뇌』, 156p.

메모는 독자님 인생의 동반자이자 '나침반'입니다. 메모루틴을 통해 분명 독자님은 자라고 있습니다. 씨앗이 껍질과 흙을 뚫고 나오는 것처럼 독자님의 뇌는 변화의 싹을 틔웠습니다. 신경세포가 새롭게 생기어 또 다른 뇌세포와 연결되고 있습니다. 자신은 평범하다고 착각하는 독자님. 당신의 뇌는 놀랍습니다. 혹시 아직도 잠들어 있습니까? 이제 뇌혁명으로 깨어날 시간입니다!

PART 3.

성공을 부르는
메모의 기술

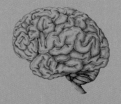

메모의 기술을 벤치마킹하라

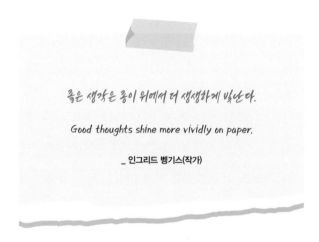

좋은 생각은 종이 위에서 더 생생하게 빛난다.

Good thoughts shine more vividly on paper.

_ 인그리드 뱅기스(작가)

메모에 대한 독자님의 이미지는 어떤가요? "메모가 어렵다, 메모가 귀찮다, 별거 없다." 등 부정적인 이미지인가요? 아니면 "아주 쉽다, 조금만 노력하면 되겠네, 이 정도는 할 수 있다." 등 긍정적인 이미지인가요? 이 질문에 답을 꼭 써 보세요. 그리고 책을 끝까지 읽은 후 어떤 변화가 있는지 또 적어 보세요.

메모가 개인과 역사에 어떤 영향을 끼쳤는지 앞서 보았습니다. 특히 **미라클 메모** 같은 경우에는 독자님에게 긍정적 이미지를 깊이 심어 주기 위해서 심혈을 기울였습니다. "나도 메모해야겠다! 할 수 있다!"라는 자신감을 주기 위한 제 작은 선물입니다. 천재들만 메모한 것이 아니라, 저 같은 C급 인생도 메모를 만나서 뇌혁명이 일어났습니다.

메모루틴이 형성되고 있다면 분명 독자님은 '메모를 더 잘하고 싶다. 더 변하고 싶다.'는 욕구로 가득 찹니다. 드디어 다음 단계에 도착했습니다. 메모의 기술을 익힐 차례입니다. 꼭 제가 소개하는 방법과 똑같을 필요가 없습니다. 여러 시도를 하면서 자신에게 맞게 커스터마이징(customizing)[29]하면 됩니다. 메모를 좀 더 잘하고 싶다는 욕망이 활활 타오르고 있나요? 그렇다면 본격적으로 성공한 사람들의 '메모의 기술'을 벤치마킹해야 합니다!

---

29) 나무위키 참조. "Customizing: 고객이 기호에 따라 제품을 요구하면 생산자가 요구에 따라 제품을 만들어 주는 일종의 맞춤 제작 서비스로, '주문 제작하다'는 뜻의 customize에서 나온 말이다. 게임 안에서는 플레이어가 자신의 캐릭터의 외형, 복장, 무기, 탈것, 건물(외장 및 인테리어) 등을 스스로 만드는 것을 지칭하는 용어이다. 이러한 시스템은 플레이어가 게임에서 '나만의 것'을 가진다는 느낌이 들게 하고, 게임에 대한 몰입도를 상승시킨다."

펜으로 생각하라

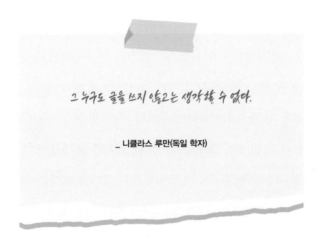

그 누구도 글을 쓰지 않고는 생각할 수 없다.

_ 니클라스 루만(독일 학자)

메모는 펜으로 생각하는 것입니다. 아주 짧은 문장이지만, 제게는 엄청난 에너지를 주는 문장입니다. 이 문장을 되새겨 보십시오! **생각은 머리가 아닌 펜으로 하는 것입니다!** 이때 진정한 아웃풋인 성과물이 생깁니다. 우리는 생각을 머리(마음) 속으로만 하는 습관이 있습니다. 그래서 항상 막연합니다. 평범한 사람들의 한계점이 여기입니다. 생각한다! 그러나 저는 다른 말로 그것을 망각 혹은 망상이라고 부릅니다. 쓸데없는 걱정, 막연한 생각 등등에서 끝나지요. 그러면 펜으로 생각하기를 구체적으로 어떻게 해야 할까요?

① 펜을 준비하라

어떤 종류도 상관없습니다. 그저 내 마음속 깊은 생각을 겉으로 꺼 낸다고만 정의하세요.[30] 마우스로 드래그를 하는 것처럼 펜이 마음에 서 생각을 빼내어 종이에 툭 던지면 됩니다(Drag and drop). 단지 그 것뿐입니다. 이 과정은 신속하면 좋지만, 꼭 정확할 필요는 없습니다. 생각을 드래그 앤 드롭(Drag and drop, 끌기와 놓기)할 때에 화려한 기술도 필요하지 않습니다. 메모지에 줄이 없다면 더더욱 좋습니다. 뇌에 떠오르는 이미지는 글이 아닌 그림 혹은 어떤 강렬한 인상이기 때문입니다. 이때는 논리보다도 직관적인 메모가 훨씬 효과적입니다.

세계적인 애니메이션 감독 미아쟈키 하야오는 〈바람계곡의 나우시 카〉, 〈이웃집 토토로〉, 〈마녀 배달부 키키〉, 〈센과 치히로의 행방불 명〉, 〈하울의 움직이는 성〉 등등 셀 수 없을 정도의 명작을 세상에 쏟 아 냈습니다. 애니메이션의 대가인 그가 작업하는 방법은 단순합니 다. 언제나 '한 장의 그림'부터 출발합니다. 세부적인 스토리나 설정은 '이미지 보드'라고 불리는 이 '한 장의 그림'에서부터 시작합니다.[31] 독

---

30) 숀케 아렌스, 『제텔카스텐(인간희극)』, 1p.
31) 모기 겐이치로, 『업무뇌』, 31p.

자님의 생각도 '한 장의 메모' 그곳에 꺼내는 것만으로도 충분합니다.

책을 읽을 때 펜 하나의 힘은 매우 큽니다! 『그들은 책 어디에 밑줄을 긋는가』를 보면, "단 한 줄이라도 좋으니 내게 도움이 되는 문장에 밑줄을 긋고, 그 한 줄이 몸에 배게 하자"고 권합니다.[32] 인생이 바뀌는 것이 펜 하나에 달렸다고 생각하니 참 놀랍지요? 메모는 그리 가벼운 것이 아닙니다. 한 사람의 운명에 영향을 끼칩니다.

② 색깔펜을 사용하라[33]

색깔펜을 사용하는 이유는 (1) 시각적인 자극을 주어 (2) 정보를 보다 효과적으로 분류하고 (3) 기억력을 향상시킵니다. 메모의 효율성을 높이며 창의적인 발상을 하고 몰입도마저 높입니다. 색깔을 통한 정보 구분이 익숙해지면, 추후 다시 볼 때도 시간 단축의 효과와 핵심을 쉽게 파악한다는 장점이 있습니다. 제가 추천하는 것은 **4색 볼펜**입니다.

---

32) 도이 에이지, 『그들은 책 어디에 밑줄을 긋는가(비즈니스북스)』.
33) 더 읽을 책. 사이토 다카시, 『3색볼펜 읽기 공부법(중앙북스)』. 이시이 다카시, 『머리가 좋아지는 1분 공부법(황매)』. 컬러 매직의 비밀을 보여 주는 책이다.

4색 볼펜은 편리성을 위한 것이고, 아이디어의 기반은 사이토 다카시의 『3색 볼펜 읽기 공부법』입니다. 각각의 색깔에 중요도를 미리 설정해 놓습니다.

파란색은 주요 내용이며, 개괄적 부분이나 구조를 담당합니다.

빨간색[34]은 핵심 문장, 가장 중요한 것, 목표(Goal)를 표기합니다.

초록색은 중요도와 상관없이 번뜩이는 아이디어, 나의 최근 주된 관심사, 단기 실천사항(Output)입니다.

검은색은 자기만의 색인 작성, 생각을 적을 때 사용합니다.

특히 저는 **"4색 볼펜 + 샤프"**가 있는 펜을 매우 선호합니다. 사이토 다카시의 책을 읽고 연습해도 좋습니다. 하지만 지금 읽는 이 책에 **색깔펜 독서**를 바로 적용해 보는 것도 아주 훌륭한 습득 방법입니다. 저는 색깔펜 사용법을 기초로 해서 지식 정보 체계인 컬러 메모 시스템으로 활용합니다.

---

34) 이케가야 유지, 『최적의 공부 뇌』, 22p. "색깔과 의욕의 상관관계. 색이 사람의 뇌 기능에 큰 영향을 끼친다는 사실을 알고 있나요? 특히 빨간색은 상대방의 열의를 앗아 가는 색입니다. 빨간색 유니폼을 입은 것만으로도 상대보다 1.5배의 확률로 이길 수 있습니다. 빨간색 유니폼이 상대 선수를 정신적으로 압박한 것이죠."

색깔을 좋아하는 브레인: 컬러 메모 시스템

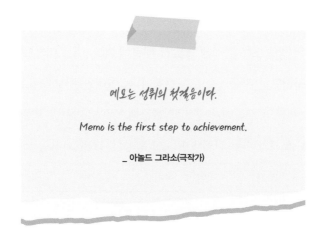

메모는 성취의 첫걸음이다.

Memo is the first step to achievement.

_ 아놀드 그라소(극작가)

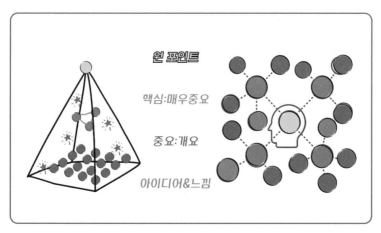

컬러 메모 시스템 (출처: 『One page 정리기술』, 『3색 볼펜 읽기 공부법』)

이 꼭지 글은 두 권의 책—사이토 다카시의 『3색 볼펜 읽기 공부법』과 다카하시 마사후미의 『One Page 정리기술』[35]—에서 시작되었습니다. 지금은 제 나름의 사용법으로 발전시켜 사용합니다. 색깔별로 정보의 중요도를 설정해 놓았기 때문에 제 뇌에는 **마인드맵**과 **생각의 피라미드**가 자동적으로 구현됩니다. 이러한 정보를 노트에 옮길 때는 챕터의 제목이나 구조에 **빨간색**으로, 소제목은 **파란색**으로 설정하여 필기합니다. 코넬 노트로도 활용할 수 있습니다.

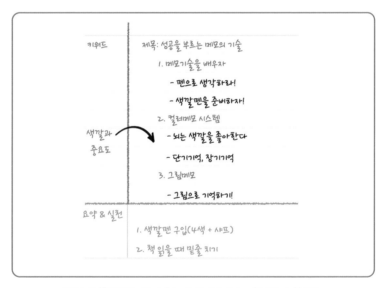

코넬 노트 (출처: Walter Pauk, 『How to Study in College(ThriftBooks)』), 237p.

---

35) 다카하시 마사후미, 『One Page 정리기술(김영사)』.

가장 넓은 곳이 주요 노트 필기 공간입니다. 소제목은 **파란색**, 필기는 **검은색**으로 합니다. 사이드는 **빨간색**으로 키워드나 질문을 적을 수 있습니다. 특히 핵심 단어가 들어가야 합니다. 하단에 초록색은 요약과 실천을 적습니다. 결과를 산출(Output)하며, 해야 할 일을 목록화합니다. 색깔에 따른 중요도가 이미 설정되어 바로 적용 가능합니다.

컬러 메모는 단순한 정보(감각 기억)를 의미 있는 시각화 정보로 변환합니다. 매우 짧은 시간에 깊이 있는 처리(단기 기억)를 통해서 좀 더 정교하고 공들인 정보라고 뇌가 인식하게 만듭니다. 이 과정이 단기 기억을 **장기 기억**으로 변환시키는 과정입니다. 매일 다니던 거리를 지나다 보면 '감각 기억'은 1~2초에서 30초 정도까지 잔상이 남습니다. 그중에서 자신에게 필요한 정보라고 선택되면 감각 기억이 단기 기억화 됩니다. "감각 기억은 단순한 감각적 자극을 저장하고, 단기 기억은 중요한 정보를 임시로 유지하며, 장기 기억은 오랜 기간 동안 지속되는 핵심적인 기억입니다."[36]

---

36) 오픈 AI 참고.

컬러 메모 시스템은 학습 과정에서 감각 기억 정도에만 머무는 정보에 색깔을 입히어 시각화합니다. 감각 기억의 잔상으로만 남을 수 있는 정보에 중요도에 따른 '색깔을 미리 설정'하여 뇌가 정보를 처리합니다. 이 과정에서 정보의 중요성을 한 단계 끌어올리며 단기 기억화합니다. 그리고 '색깔 부여'라고 하는 뇌의 알고리즘 과정에서 정보 처리 및 판단으로 단기 기억을 의도적으로 장기 기억화합니다.

단기 기억 → 단기 기억 → 장기 기억

"컬러 메모 시스템"은 색깔 부여라는 알고리즘을 자신의 뇌에 장착하여 기억력과 학습 효과를 높이는 결과를 가져옵니다. 이 시스템은 저에게 매우 익숙해져서 농구공을 골대에 넣듯 온갖 정보를 세 개의 골대에 휙휙 던져 넣을 수 있습니다. 예상하셨듯이 세 개의 골대는 **빨간 골대, 파란 골대**, 초록 골대입니다. 정보 처리 속도가 빠르니 같은 시간에 처리하는 데이터도 많아집니다. 오락실에서 농구공을 넣은 게임이라고 생각하면 쉽습니다. 단지 아쉬운 것은 이것을 깨달은 것이 학생 때가 아닌 성인이 되어서라는 것입니다.

컬러 메모 시스템을 익혀서 즐거운 것은 특히 독서할 때입니다. 전문 분야의 책을 읽다가도 문득 재미있는 아이디어나 독특한 단어가 생각납니다. 이전에는 책을 덮고 노트를 찾아 휘발성 강한 정보를 겨우 기억하여 옮겨 적었습니다. 이제는 매우 쉽습니다. 그저 책 여백 어느 곳이든 초록색으로만 적고, 색인화하면 됩니다. 복잡한 책의 논리를 따라가더라도 잠깐 곁길에 정차하고 다시 출발하면 됩니다. 논리적 흐름에 상관없이 떠오르는 새로운 발상을 아무 곳에나 적을 수 있다는 자유가 생겼습니다.[37]

새로운 아이디어와 생각은 도형이나 그림을 이용하면 우뇌를 자극합니다. 고니시 도시유키는 이를 **생산 메모**라고 부릅니다.[38] 이러한 생산 메모가 쌓일수록 다양한 조합도 가능합니다. 생산 메모를 메모 블록화하면 또 다른 창의적 결과물을 다양하게 만들 수 있습니다.[39]

---

37) 이와 같은 방법은 숀케 아렌스, 『제텔카스텐』, 48p에도 등장한다.
38) 고니시 도시유키, 『메모의 기적(21세기북스)』, 46p.
39) 이번 장 후반부에 있는 "메모 블록을 쌓아라"를 참조하세요.

잠자는 뇌를 깨우는 그림 메모

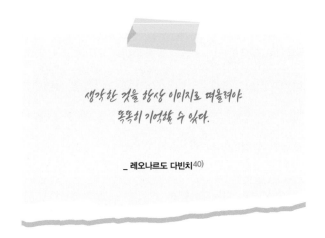

생각한 것을 항상 이미지로 떠올려야
똑똑히 기억할 수 있다.

_ 레오나르도 다빈치[40]

뇌는 시각적 기관이기에 많은 정보를 글씨보다 이미지(그림)로 변환시켜서 메모할 때 기억이 수월합니다.[41] 프레젠테이션이나 잡지 표지를 떠올려 보세요. 글씨가 많은 것보다 핵심 주장에 도표나 그림을 쓰는 이유 중 하나입니다. 즉 그림 메모가 잠자는 뇌를 깨웁니다!

뇌과학자인 마크 티글러는 "사람들이 그림이 있는 신문 기사를 더

---

40) 사쿠라가와 다빈치, 『초역 다빈치 노트』, 〈파리 매뉴스크립트 A〉.
41) 마크 티글러, 『기적의 뇌 사용법』, 134-37p.

잘 기억한다고 발견했으며, 심지어 관련 없는 그림이어도 기억력이 향상된다"고 밝혔습니다.[42] 이를 좀 더 구체적으로 설명한 것으로 히사츠네 게이이치의 『탁월한 기획자는 그림으로 사고한다』와 나가타 도요시의 『도해사고력』[43]과 『그림문자 기술』[44] 등이 있습니다.

게이이치의 책에서는 그림(도해)을 중심으로 **(1) 그림으로 이해하라 (2) 그림으로 기획하라 (3) 그림으로 전달하라**고 말합니다. 즉, 자신이 정보를 습득(Input)하는 것과 출력(Output)하는 데 모두 이미지화하면 기억력과 활용도가 훨씬 수월해진다고 말합니다. 나가타 도요시의 『도해사고력』은 큰 틀에서 게이이치의 책과 맥락이 비슷합니다. 복잡한 글보다 심플한 이미지가 훨씬 더 수월하게 정보를 습득한다는 것이죠.

『그림문자 기술』은 도해(표) 속에서 어떻게 이모티콘과 기호로 표현할지 '그림문자 그리는 방법'에 대해서 구체적으로 설명합니다. 예를 들면, 다른 나라의 언어를 전혀 모르더라도 공항에서 입국장으로 가는 길과 화장실 표지는 간단한 기호만으로도 승객들이 직관적으로

---

42) 마크 티글러, 『기적의 뇌 사용법』, 89p.
43) 개정판은 『그림으로 그리는 생각 정리의 기술 1』이다.
44) 개정판은 『그림으로 그리는 생각 정리의 기술 2』이다.

알 수 있는 것과 같습니다. 이에 대해서『One page 정리기술』은 "상대방의 머릿속에 '이야기 지도'를 그리라."고 말합니다.[45] 즉, 심플하면서도 큰 틀의 흐름을 전달하라는 의미입니다.

저는 다이어리에 간단한 기호와 이모티콘으로 일곱 개의 영역을 구분합니다. 한 회사에서 일곱 개 프로젝트를 진행하는 것도 부담인데, 일곱 개의 다른 기관에서 연관성 없는 업무를 하다 보니 메모를 안 하면 살 수가 없고 기억할 수 없습니다. 저는 기호와 표지로 각 기관의 프로젝트를 구분합니다.

그림 메모를 통해 다른 사람과 효과적인 커뮤니케이션도 가능합니다. 쉽고 단순하게 표현한다면 이해는 빠르고 실수는 줄입니다.[46] 습관적으로 그림으로 메모하는 것, 이미지화를 훈련해야 합니다. 핵심 메시지를 '한 장의 그림'으로 담아내는 것은 미술관에 걸린 수많은 명화, 스티브 잡스의 프레젠테이션, 미야자키 하야오의 '이미지 보드'에서 찾아볼 수 있습니다.

---

45) 다카하시 마사후미,『One Page 정리기술』, 139p.
46) 노무라 마사키,『메모혁명(도서출판 홍)』.

핵심 메시지를 '하나의 이미지'로 표현하는 습관은 단순한 그림 메모를 넘어서, OSMU(One Source Multi Use)로도 확장됩니다. 한 장의 심플한 그림 메모를 활용해서 텍스트, 영상, 블로그 등등으로 활용합니다. 시간과 노력을 줄이면서 효과는 극대화됩니다. 지금 당장 필요한 기술이지요?

디지털 메모를 배워라

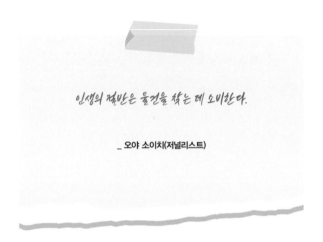

인생의 절반은 물건을 찾는 데 소비한다.

_ 오야 소이치(저널리스트)

디지털 메모라고 거창하게 생각할 필요가 없습니다. 지금도 독자님들 대부분이 쓰고 있는 것입니다. 단지 저는 이것을 시스템적으로 이해했습니다.

① 이메일

매우 중요한 글을 자기 이메일로 보내거나 저장하는 것입니다. 중요한 회의 내용, 공문서 등등의 파일이나 사진을 자신의 이메일로 보낼 때, 시간과 장소 혹은 그때의 느낌도 기록한다면 아주 훌륭한 메모법입니다. 메일을 네이버나 구글처럼 자신만의 검색엔진으로 활용할 수 있습니다. 즉, 메일 내용은 나만의 데이터베이스이자, 검색엔진이기에 개인 정보나 관련 프로젝트에 대해서 빠르게 검색할 수 있습니다.

② 메모 앱

현재 저는 몇 개의 앱을 꾸준히 사용하고 있습니다. 또한 새로운 앱이 출시될 때마다 사용해 봅니다. 독자님도 꼭 이렇게 해 보세요. 디지털 메모의 강점은 태그를 기반으로 하는 검색과 확장성입니다. 비슷한 주제어들을 앱에서 모아 놓으면, 새로운 글과 아이디어가 산출됩니다. 짧은 시간에 아이디어를 생산해야 할 때 좋은 인사이트를 줍니다. 어떤 정보를 찾는 데 시간을 낭비할 필요가 없습니다. 가장 애용하는 앱 중 하나는 에버노트와 애플의 기본 "메모" 앱입니다.

③ 아이패드와 애플펜슬

전자책들은 아직까지 메모 기능이 약합니다. 그럴 경우 필자는 스크린 샷을 이용한 후에 이미지 위에 메모합니다. 아이패드와 애플펜슬은 디지털과 아날로그 경계에 있는 도구입니다. 아날로그처럼 생각의 확장성이 매우 큽니다. 일일이 타이핑할 필요도 없습니다. 실제 연구 사례를 보면 타이핑과 손 필기 중 머리에 더 오래 강렬하게 남는 것은 '손 필기'라고 합니다.[47]

④ 카카오톡

저는 특히 "나와의 채팅"을 자주 활용합니다. 이동 중에 생각나는 대로 음성이나 단어를 적고 그것을 추후 온전한 문장 형태로 만듭니다. 2024년 현재 카카오톡의 톡서랍 구독료 990원으로 검색 기능과 대화 저장 기능을 마음껏 쓸 수 있습니다. 단돈 990원이면 수임료 비싼 변호사보다 효과가 좋을 때도 있습니다.

⑤ 스마트폰

가계부를 쓰거나, 단체 여행에서 재정을 관리하는 것은 쉽지 않습

---

47) 가바사와 시온, 『아웃풋 트레이닝』, 전자책.

니다. 카드 사용은 문자로 내역이 남지만 외국에서는 현금으로 처리해야 할 경우도 빈번합니다. 이때 제가 사용하는 방법은 '전화 걸기' 기능에서 액수를 적고 '통화' 버튼을 누르는 것입니다. 외출하고 숙소로 돌아와 통화 목록만 보면 돈이 나간 시간과 액수가 자동 정렬(Sorting)됩니다. 정리가 매우 수월해집니다.

디지털 달력에서는 색깔 기능 외에 **축약형 기호**도 함께 사용합니다. 예를 들면, 내 개인적인 일은 I, 가족 관련된 것은 F, 생일은 S, 교회는 +로 표기합니다. '약식 기호' 자체가 '코드 부여 기능' 같아 검색도 아주 쉽습니다. 앞에서 다룬 그림 메모와 사이토 다카시의 『메모의 기술』에서 차용하여 디지털화한 것입니다.

운전을 하는 경우 아이디어가 떠오를 때 **음성 녹음**도 가능합니다. 더 이상 비싼 보이스 레코더가 없더라도 스마트폰 하나면 충분합니다. 저가 레코더보다 음질도 뛰어납니다.

가장 앞서가는 회사 중 하나인 마이크로소프트에서도 직원들이 물건이나 파일을 찾는 데 1년 중 76시간을 사용합니다. 우리의 숙제는 인생을 낭비하지 않고 빨리 찾는 시스템을 구축하는 것입니다. 디지털 메모가 그것을 돕습니다. 이 외에 손 필기나 중요한 메모를 스캔하여 디지털화도 가능합니다.[48] 이때 놓치지 말아야 할 것이 '태그'나 '핵심 키워드'를 함께 작성하는 것입니다. 디지털 메모 기술은 간단하지만 독자님을 성장시키는 데 매우 유용합니다.

48) 티아고 포르테, 『세컨드 브레인』, 전자책.

메모 블록[49]을 쌓아라

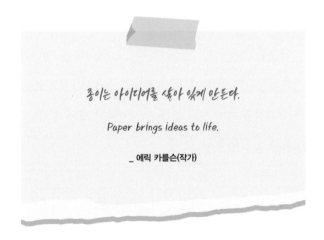

종이는 아이디어를 살아 있게 만든다.

Paper brings ideas to life.

_ 에릭 카를슨(작가)

아이들이 자주 가지고 노는 것 중 하나가 레고 블록입니다. 아이들의 놀잇감이라 하찮게 볼지도 모르겠습니다. 그러나 블록은 단순한 장난감 조각이 아닌, 무한한 표현의 도구이자 장(長)입니다. 작은 메모지 하나를 레고 블록 한 조각이라고 생각해 보세요. 이런 상상력에서부터 메모는 아주 쉽고 재미있어집니다. 몇 개의 메모 조각을 모아

---

49) 메모에 있어서 『세컨드 브레인』은 디지털적으로 특화시켰다. 그러나 필자는 메모를 디지털(혹은 온라인) 세계에만 한정할 필요가 없다고 생각한다. 어쨌든 『세컨드 브레인』에서도 메모를 시스템적으로 생각하는데 니클라스 루만의 "제텔카스텐(메모 상자)"나 하이퍼텍스트의 원조 격인 바네바 부시의 "메멕스(Memex)" 역시 필자와 비슷한 생각이다.

이리저리 붙이고 떼고 엎고 쌓아 보세요. 다양한 생각과 창의적 작품이 바로 생성됩니다.

메모는 단순한 기록물이 아닙니다. 메모를 아이들 장난감처럼만 여기면 큰코다칩니다. 메모를 생각 플랫폼, 변화 플랫폼으로 인식해 보세요.[50] 지하철을 타기 전에 플랫폼을 지나야 하는 것처럼, 메모는 독자님 변화에 필수 요소입니다.

독자님은 메모를 모아 자신만의 데이터베이스를 구축할 수 있습니다. 레고 블록을 모아 놓은 박스 안에는 알록달록한 조각들이 어지러이 놓여 있습니다. 그렇지만 전문가이든, 비전문가이든 조각들을 꺼내어 조립하면 나름의 작품이 됩니다. 독자님은 메모를 하고 그것을 레고 블록이라 생각하고 모아 두십시오.

시간을 줄이기 위한 팁들도 있습니다. 색깔을 입히거나, 태그를 달거나, 아주 작은 것은 따로 모아 놓는 것입니다. 가장 필요한 순간 그 블록 아니 메모를 꺼내어 독자님만의 작품을 세상에 내어놓게 됩니

---

50) PART 4. "메모는 플랫폼이다"에서 좀 더 명확하게 설명합니다.

다.[51] 제 메모 블록은 이렇게 세상에 나왔습니다.

신경세포는 새로운 것을 배울 때마다 다른 신경세포와 연결되어 새로운 신경망을 구성합니다.[52] 이처럼 메모장 하나가 신경세포(뉴런)라고 상상한다면, 레고 블록처럼 다른 메모와 연결되고 새로운 아이디어는 더욱 강화됩니다. 독자님의 뇌 속에 1000억 개의 신경세포와 100조 개의 연결망, 블록 모음이 있다고 생각해 보세요.[53] 지금 독자님은 제 메모 블록의 결과물을 읽고 있습니다. 독자님도 스마트폰, 수첩, 책 여백 등등 곳곳에 메모 중이지요? 때가 되면 그것을 나열하고 조립하여, 새로운 신경망의 탄생처럼 재미있는 작품을 만드세요. 이제 독자님의 차례입니다.

블록을 가지고 놀다 보면 조각이 많거나 특이한 모양을 가지고 있을 때 더 훌륭한 작품을 만들 수 있습니다. 다양한 작품에 도전하기가 매우 수월합니다. 독자님이 메모를 언제부터 시작했는지는 중요

51) 『제텔카스텐』은 독일어로 메모 상자라는 의미이다. Zettel(메모) & Kasten(상자)은 독일의 사회학자 니클라스 루만이 고안한 최고의 학습력 향상 도구이다. 특히 이러한 메모 블록(상자) 시스템을 통해서 루만 교수는 58권의 저서와 350여 편의 논문을 썼다.
52) 마크 티글러, 『기적의 뇌 사용법』, 18p.
53) 이쿠타 사토시, 『하루 한 권, 뇌과학(드루)』, 65p. "뇌 안에는 약 1,000억개나 되는 신경세포가 있다. 하나의 신경세포마다 약 3만 개의 시냅스가 있으므로, 뇌 안에는 1,000억 X 30,000 = 3,000조 개나 되는 시냅스가 존재한다고 계산할 수 있다."

치 않습니다. 그저 지금부터라도 메모를 모으다 보면 귀여운 작품을 금세 만들 수 있습니다. 독자님의 보고서가 달라지고, 표현이 좀 더 세련되고, 창의적 아이디어가 불쑥 나오는 현상을 발견합니다. 거기에 만족하지 마시고 메모 블록을 더 많이 모으고 자주 모으십시오. 분명 독자님은 지금과 다른 미래를 만들 것입니다. 남들이 가지 않은 또 다른 길을 만드는 중이지요. 메모 블록은 독자님의 발전성을 보여 주는 시작에 불과합니다.

메모는 '자기 변화'의 시작입니다. 그렇지만 자신은 변했다고 느끼더라도 실제 변했는지 평가하는 것은 완전 다른 이야기입니다. 우선 독자님의 변화를 측정하는 도구는 '메모 활용'에 있습니다. 모아 놓은 메모를 박스에만 넣고 기다리지 마세요. 당장 꺼내어 지금 적용하세요. 활용하지 않는 메모가 쌓여 가면 정작 필요할 때 쓰지 못할 수 있습니다. 물론 어떤 메모는 오랜 시간이 지나서 더 빛나는 것도 있습니다.

독자님이 직장인이라면 프로젝트 보고서 및 각종 서류에 메모해 보세요. 다이어리에 일정을 적으세요. 메모를 다시 조립하여 보고서와 프로젝트를 업그레이드하세요. 학생은 어떨까요? 수업을 들으며,

책을 읽으며 그 생각을 여백에 써 보세요. 생각나는 단어와 느낌을 적어 두고 레포트에 옮겨 적으세요. (좀 더 구체적인 방법은 PART 5. "성공을 위한 최고의 메모법"을 참조하세요.)

필자는 일곱 개의 다른 영역에서 동시에 레포트, 프로포절 및 프로젝트를 진행, 주말마다 설교도 합니다. 그 틈에 책을 출간하며, 다른 작품도 쓰고 있습니다. 다른 사람들 앞에서 발표를 한다거나 새로운 아이디어를 내야 할 때면, 쉴 새 없이 책을 읽고 준비하고 생각해야 합니다. 평소 저는 운전할 때 생각하기를 좋아합니다. 음악은 끄고 멍하게 운전할 때 생각이 정리되고, 불현듯 좋은 아이디어가 떠오릅니다. 운전석 옆에는 노트와 펜이 있습니다. 잠깐 차를 세우거나 신호 대기 중 적는 경우도 있습니다. 여유가 없을 때는 'Siri'를 불러서 철자가 틀려도 음성 메모를 합니다!

무척 인상적인 메모의 순간이 있었습니다. 어느 날 운전을 하면서 높은 고개를 넘어가는 찰나의 순간, 눈앞에 보이는 황홀한 이미지를 잊고 싶지 않아서 스마트폰으로 음성 메모를 했습니다. 그때의 느낌을 살리고 싶어서 말을 길고 지저분하게 나열했습니다. 이것들은 아주 기초 작업, 아니, 메모 조각도 아닙니다. 생각의 흔적을 남기는 것이지요. 그리고 카페에서 노트북에 앉아 휘갈겨 놓은 메모, 음성 메모, 디지털 메모를 다듬고 정리합니다. 이렇게 좋은 글의 소재가 탄생했고, 때로는 나만의 노래도 녹음합니다.

독자님은 메모를 하고 데이터를 먼저 쌓으세요. 레고(메모) 박스에 조각이 점점 쌓일 것입니다. 그 박스가 어느새 가득 차면 독자님은 메모를 꺼내어 조립하여 훌륭한 작품을 내어놓습니다. 기대가 되지 않나요? 메모는 창의력 연구소입니다. 카이스트의 배상민 교수는 "브레인스토밍만 하지 말고 메모 후에 생각을 플랜팅(planting)하라"고 조언했습니다. 메모는 숨겨 두는 것이 아니라, 레고 조각처럼 활용하는 것입니다. 누군가는 그것으로 작품을 만들고, 건물을 짓고, 회사의 방향도 설정할 수도 있는 아주 강력한 무기입니다.

메모를 모으는 **블록화**와 동시에 각각의 메모를 **모듈화**하면 맥락에 따라 띄었다 붙였다 할 수 있습니다.

모듈화란?[54]

- 다른 것들과 구별될 수 있는 독립적인 기능을 갖는 단위(unit)이다.
- 독립적으로 컴파일이 가능하다.
- 모듈에서 또 다른 모듈을 호출할 수 있다.
- 다른 프로그램에서도 모듈을 호출할 수 있다.

메모 방법보다 생각의 전환이 더 우선입니다. 메모를 크게 쌓기도 하고 가볍게 여러 곳으로 옮길 수도 있습니다. 메모의 모듈화는 시간의 효율과 능력의 극대화를 하는 훌륭한 도구입니다.

---

54) 네이버 지식백과 참조.

PART 4.

메모는 플랫폼이다

Smart Brain Memo

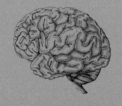

생각의 호수에 빠지지 마라!

어릿속의 생각을 종이에 기록하면
마법처럼 명확해진다.

Writing thoughts on paper is like making them
clearer as if by magic.

_ 하로드 W. 로스 (뉴요커 창립자 겸 편집장)

 독자님은 '메모'뿐만 아니라 '변화'에도 꽂힌 사람이 분명합니다. 정말 무엇인가 달라지고 싶은 간절한 마음 때문에 이 책과 씨름 중입니다. 대부분 '달라지고 싶다'고 **간절한 막연함**으로 '생각'만 합니다. '변화하고 싶다'고 생각하는 사람들은 제 주변과 독자님 주변에 상당히 많습니다. 그럼에도 놀라운 사실은 실제 변한 사람은 별로 없습니다. 왜 열망은 하지만 변하는 사람이 없을까요? 메모하지 않아서? 물론 그럴 수 있습니다. 정작 중요한 것은 변화의 시작인 '기준'이 부재하기 때문입니다. 시작점, 변곡점, 전환점, 도착점 등을 확인할 수 없으니, 변했지만 변화를 체감하지 못합니다. 변화를 평가하기 위해서는 반드시 기준이 필요합니다. 어떻게 기준을 만들 수 있을까요?

독자님의 머릿속은 호수와 같습니다. 수시로 물결이 변하고 다양한 물고기들이 움직입니다. 물고기 한 마리가 하나의 아이디어입니다. 호수는 출렁이고 물고기는 빠르게 헤엄쳐 다닙니다. 독자님은 생각의 호수에서 낚시를 해야만 합니다. 퇴근 전 갑작스럽게 제안서를 쓰거나, 알바를 끝내고 레포트를 써야 하는 상황이라 시간마저 촉박합니다. 빠르게 흐르는 물길만 보고 있지 실제로 낚싯대를 내리고 있지 못합니다. 독자님의 평소 모습인가요? 고민은 필요하지만 그 이상의 목표가 있어야 합니다. 반드시 그 순간 한 마리를 꼭 잡겠다는 다짐입니다.

물고기는 한 마리면 충분합니다. 한 마리의 물고기를 잡았다면 선착장으로 달려가세요. 그리고 물고기를 어떻게 처리할지 결정하세요. 지금까지 막연했던 생각들이 구체화되는 과정을 묘사했습니다. 독자님의 머릿속은 아주 넓은 **생각의 호수**입니다. 수많은 아이디어와 단어들과 온갖 상상력이 살아 숨 쉬지만 바라만 본다면 아무런 일도 일어나지 않습니다.

독자님의 내면세계는 크고 복잡합니다. 다른 사람이 함부로 평가할 수 없습니다. 때론 독자님 스스로 자신의 가치를 너무 낮게 평가합니다. 이런 순간에 필요한 것이 물고기 한 마리입니다. 낚시를 통해 물고기를 건지는 행동이 바로 '메모'입니다. 낚시하기 전까지는 그저 주관적이고 자기중심적이고 고집스러워 보일 뿐입니다. 아무런 변화도 없습니다. 이제 생각의 호수에 빠지지 말고 물고기를 잡으세요! 독자님의 1차적 아웃풋은 메모여야 합니다.

뇌 에너지를 물질 에너지로 바꿔라

좋은 생각은 종이에 기록해야만 가치를 지닌다.

Good thoughts are valuable only
when recorded on paper.

_ 로버트 브렌디(작가)

겉으로 표현되지 않는 생각은 망상에 불과합니다. 단지 무형의 '무엇'으로만 존재합니다. 누군가 "내가 그 생각을 먼저 했다, 나도 그렇게 시도해 보려고 했는데……."라고 외치더라도 그것은 쓸모없는 메아리입니다. 더 이상의 측정도 대화도 불가능한 것들입니다. 그러나 그 생각을 메모해 놓았다면 어떨까요? 메모가 **생각의 지표**가 되어, 다른 사람과 의견을 주고받는 자료가 될 수 있습니다. 생각의 근거가 됩니다.

에디슨의 경우 메모가 자신의 생명의 은인이라고 했습니다. 아이디어를 사업화하던 중 엄청난 소송에 휘말렸습니다. 그러나 에디슨은 자신의 무수히 많은 아이디어를 '메모'했기에 어려운 소송에서 빠져나올 수 있었습니다. 메모는 에너지가 있습니다.

메모 자체가 에너지라고 한다면 독자님은 어떻게 느끼시나요? 약간은 어색한 표현처럼 들리시나요? 생각의 전환을 해 보세요. 메모가 자신과 끊임없이 대화하게 하며, 성장을 독려한다면 분명 에너지를 가진 것입니다. 그래서 메모는 "앞으로의 시대에도 여전히 꼭 필요한 기술"[55]입니다. 뇌의 에너지를 물질 에너지로 바꾸는 것이 메모입니다. 일론 머스크의 '뉴럴링크'뿐만 아니라 다양한 뇌과학 분야에서 뇌파를 운동에너지로 바꾸는 시도가 꾸준히 있었습니다.

메모는 에너지인 힘을 줍니다. 어떤 사람은 자기 꿈을 적어 놓고 매일 읽는다고 했습니다. 저 역시 그렇게 실천 중입니다. 메모는 저와 독자님에게 에너지를 전달합니다. 메모는 촉매제이자 나를 활성화할 수 있는 에너지원입니다. 필자 역시 메모가 쌓이다 보니 글이 되고, 책이 되어 다양한 사람을 만나게 하는 무한 배터리가 되었

55) 고니시 도시유키, 『메모의 기적』, 32p.

습니다. 메모는 변화무쌍하고 영향력이 실로 어마어마합니다. 2차 세계대전 당시 일본 교토에 원자폭탄이 떨어지지 않은 것은 '한 사람의 메모' 때문이었습니다! "교토 대신 나가사키로(and Nagasaki instead of Kyoto)."

메모는 단순히 적는 행위로만 그치지 않습니다. 메타인지적인 성찰의 도구입니다. 나(I)라는 정체성뿐만 아니라 뇌와 마음을 꺼내어 외부로 표현합니다. 성찰과 생각은 무형으로 존재합니다. 이러한 무형의 에너지를 유형적인 것으로 바꾸는 행위가 메모입니다. 메모하기 전까지 독자님이 생각한 그 모든 것은 눈에 보이지 않는 세계에만 존재했습니다. 생각의 호수에 빠지지 말 것을 앞서 강조했습니다. 독자님의 뇌에서 신경을 타고 손을 거쳐야 합니다. 종이와 컴퓨터 화면에 표현된다면, 메모는 새로운 에너지이자 자산이 됩니다. 새로운 에너지가 탄생했습니다.

뇌 속에 숨겨져 있던 에너지를 물리적 형태로 전환합니다. 기록된 메모는 물리적 실체이자, 새로운 에너지원입니다. 저는 복잡한 물리 공식을 말하는 게 아닙니다. '나'라는 자아와 그 속에 있는 다양한 '생각과 감정'을 표현해야 한다고 주장하는 것입니다.

기록해야 합니다! 내 마음속 의견이 메모를 통해 바깥세상에 나왔다면, 그것은 관찰하며 대화할 수 있는 실체가 됩니다. 나를 둘러싼 문제들과 세계를 다른 관점에서 볼 수 있는 기회가 생겼습니다.

자기 자신을 표현하고, 뇌의 생각을 구체적 형태로 바꾸었습니다. 무형의 에너지가 유형의 에너지로 바뀌었습니다. 이러한 시도를 자주 해야 합니다. 아웃풋을 자주 하면 결과물도 훨씬 좋아집니다. 최근 스타트업계에서는 완성된 제품이 아닌 프로토타입 출시를 반복해보라고 권유합니다. 앱이나 게임 업계도 베타버전으로 테스트합니다. 즉, 아웃풋을 하면 할수록 오류나 문제점은 빨리 파악되어, 제품 개발의 완성도를 훨씬 높일 수 있습니다.

1인 기업가들의 필수 요소가 블로그입니다. 아웃풋 중심의 글쓰기를 하라는 것이 트렌드입니다. 뇌, 생각, 마음가짐에서 그치는 것이 아닌 꼭 메모하는 것입니다. 메모는 외부로 표현되는 아웃풋이자, 변화의 열매입니다.

시각장애인이 코끼리를 만지면 어떨까요? 혹 시각장애인이 다른 사람들처럼 코끼리를 한눈에 보기 위해서 멀리 떨어지면 어떨까요?

아무리 그렇게 해도 시각장애인은 코끼리를 볼 수 없습니다. 그렇지만 눈이 좋은 사람은 코끼리를 멀리서도 보고 가까이에서도 관찰할 수 있습니다. 내 문제를 메모할 때에야 비로소 눈이 떠집니다. 눈이 떠져야만 코끼리라는 문제를 관찰할 수 있습니다. 메모는 나와 대화하는 창이 됩니다. 이제 독자님의 눈을 떠야 할 시간입니다.

메모는 '단순한 행위'가 아닌 엄청난 에너지원입니다. 끊임없이 메모를 재정의하며, 그 생각을 확장해야 합니다. 메모는 독자님의 뇌를 변화시키는 혁신의 도구입니다. 즉 뇌혁명의 시작은 메모입니다. 새로운 것을 받아들일 때 신경세포에 변화가 있듯, 독자님의 인생도 메모 때문에 변화합니다.

메모는 성장 에너지로 가득하다

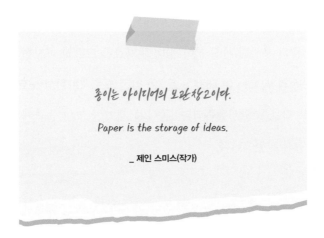

종이는 아이디어의 보관창고이다.

Paper is the storage of ideas.

_ 제인 스미스(작가)

베토벤만큼 유명한 음악인이 또 있을까요? 마이클 잭슨, 싸이, BTS 등도 그 앞에서는 명함을 내밀지 못합니다. 그의 곡들은 300여 년 동안 가장 널리 그리고 가장 많이 연주되었습니다. 즉, 최고의 음악인이라고 할 수 있습니다. 그런 베토벤에게도 시련이 찾아 왔습니다. 가장 화려한 피아노 연주자였던 그가 청력을 잃었습니다. 맑게 갠 하늘에 날벼락과 같았습니다.

"시련은 있지만 실패는 없다!"[56]는 누군가의 말처럼, 베토벤은 자기가 당한 고난을 극복했습니다. 그 결과 가장 뛰어난 작곡가로 평가받습니다. 베토벤의 화려한 재기 뒤에는 놀라운 습관이 하나 있었습니다. 꾸준히 자신의 관심 분야에 대해 자료를 모으고 메모한 것입니다. 베토벤의 메모는 **(1) 대략 노트 (2) 발전 노트 (3) 완성 노트** 3단계 과정으로 악보를 완성했습니다. 놀랍게 재기한 그의 습관에는 메모법이 숨겨져 있었습니다.

영국과 전 세계를 정복한 비틀즈는 어떨까요? 악성 베토벤과 다르게 비틀즈는 '악보'를 전혀 읽지 못했습니다.[57] 고등학교 밴드 출신으로 시작해서 클럽의 연주자로 어린 시절을 보낸 이들은 음악 공부를 진지하게 배울 시간이 없었습니다. 존 레논은 비행기에서 급하게 악상이 떠올라 주머니에 있던 '뉴욕 힐튼 호텔의 메모지'에 아이디어를 옮겨 적었습니다. 존 레논과 폴 매카트니가 멜로디를 흥얼거리면 즉석에서 가사와 코드를 적습니다. 이 메모를 제작자인 '조지 마틴'이 악보로 만들어 냅니다. 음악 천재인 베토벤이나 비틀즈는 비슷한 형식 3단계 메모의 진화 방식을 사용했습니다.

---

56) 현대 창업주, 고(故) 정주영 회장.
57) 이병주, "악보를 못 봐서 더 위대해진 비틀즈," 〈CHIEF EXEXUTIVE〉, Vol.222 (2021년 5월호), 85p.

정리하면 다음과 같습니다.

① 메모: 대략적 아이디어 or 스케치 메모

② 아이디어 발전

③ 최종 완성된 메모

이러한 방법은 『세컨드 브레인』의 작가 티아고 포르테도 동일하게 주장합니다. **(1) 메모하기 (2) 구체화하기 (3) 연결하기 (4) 시간을 두고 발전시키기 (5) 정교하게 다듬기**입니다.[58] 메모는 성장합니다. 이러한 방법을 익히고 나면 독자님도 적용할 수 있습니다. 메모는 쉽고 지금 바로 시작할 수 있습니다.

제 첫째 아이가 회장 선거 공약문을 쓰는 데 3단계 방법을 사용했습니다. 1단계에는 '축구'를 좋아하는 것으로 자기소개를 썼습니다. 2단계는 '손흥민은 캡틴'이라는 아이디어로 확장했습니다. 어린아이들도 3단계 방법만 익히면 다양하게 활용할 수 있습니다. 심지어 1단계 메모는 낙서처럼 보여도 상관없습니다.

---

58) 티아고 포르테, 『세컨드 브레인』, 전자책.

신입사원에게 갑자기 제안서를 써 보라고 했습니다. 빈 화면을 멍하게 바라보면 답이 나오지 않습니다. 절망할 시간조차 사치입니다. 결국 인터넷 서핑을 해서 분위기가 비슷한 것을 찾아 대충 적어 냅니다. 대학 때 자주 사용한 "레포트월드"와 비슷한 방식입니다. 한두 번은 넘어갈지 모르지만 그에게 예상되는 미래는 만년 대리뿐입니다. 좋은 방법이 없을까요?

메모의 달인들은 어떻게 할까요? 대학 때부터 친구들에게 인기가 있던 한 녀석이 있습니다. 그는 시험 전에도 잘 노는 것처럼 보이는데 항상 장학금을 받았습니다. 그리고 운 좋게 좋은 회사에 입사했습니다. 자존심을 굽히고 전화해서 물어봅니다.

"어떻게 해야 보고서를 잘 쓸 수 있니?"
"처음부터 자세히 쓰는 게 절대 아니야. 빈 화면부터 시작하면 세 장 쓰는 것도 아주 힘들어. 놀면서, 출퇴근하면서 생각나는 단어나 그림, 개요를 메모지에 대충 적어 봐. 포인트는 대충이야! 절대 자세히 적을 필요가 없어. 단, 생각 날 때는 무조건 적어야 해!"
"알겠어. 그 방법이면 충분하니?"
"아니야. 메모한 것이 어느 정도 모이면 다음 단계로 대략적인 개요를 잡아 봐. A4 1~2장은 금방 쓸 거야. 큰 제목과 레이아웃을 잡는데 10분이면 충분할걸? 그것을 출력한 다음에 네 주머니에 꽂고 하루 이틀만 지내 봐. A4의 1~2장이 '생각의 틀'이 되어서 살을 붙이면 돼. 평소 회의에서 듣고 본 안건들과 아이디어와 트렌드를 추가해 봐. 그 후에 사무실 컴퓨터로 최종 정리하고 제출하면 과장님이 칭찬하실걸?"

독자님은 처음부터 100% 완성된 보고서가 목적이셨나요? 메모는 보고서를 작성하는 과정에서 꼭 필요한 생각의 지도이자, 내비게이션 역할을 합니다. 보고서 제출 시간까지 조금씩 수정하고 업그레이드를 하면 됩니다. 아이디어 발전 과정에서 필요한 자료나 표를 붙여놓을 수 있습니다. 차츰차츰 업데이트를 하다 보면 훌륭한 보고서가 탄생합니다. 메모가 성장했습니다.

필자 역시 이런 방법으로 많은 제안서를 썼고 사업비를 받았습니다. 사회복지는 일반 분야보다 액수 자체가 작지만, 그래도 3~4년 만에 몇억의 프로젝트를 꾸준히 땄습니다. 생각의 지도 없이 바로 컴퓨터 앞에 앉아서 쓴다는 것은 매우 고역입니다. 첫 줄부터 마지막까지 완성된 보고서를 한 번에 쓴다는 것은 시간과 노력은 몇 배로 들고 결과물도 그리 좋지 못합니다.

미사키 에이치로가 쓴 『노트 3권의 비밀』[59]에서도 이와 비슷한 방식을 소개합니다. **메모 노트(쪽지)에 아이디어를 표시하고, 이것을 (항공)모함 노트에 모은 후에 아이디어를 숙성하여 기획서를 컴퓨터에 옮기면,** 아주 탁월한 제안서 맛집이 됩니다.

일본의 인기 만화가인 쇼지 사다오는 아침 식사 후 곧바로 신문을 여러 개 훑어봅니다. 나중에 도움이 될 것 같은 소재를 발견하면 곧바로 책상에 앉아 노트를 펼치고 스케치합니다. 이렇게 그린 한 컷짜리 메모가 무려 600권입니다. 그는 한 페이지에 아이디어 다섯 개를 적고, 데뷔 때부터 지금까지 꾸준히 주제를 모았습니다.[60] 성공한 사람들을 자기 나름의 이유가 있습니다. 독자님에게는 이제 '메모'라는 비밀병기가 있습니다. 마음껏 성공의 나래를 펼쳐보세요.

59) 미사키 에이치로, 『노트 3권의 비밀(시그마북스)』.
60) 나카지마 다카시, 『놀라운 메모의 기술(다산미디어)』, 131p.

창의적인 뇌는 생각한다

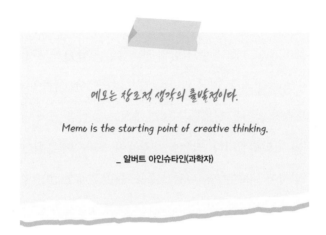

메모는 창조적 생각의 출발점이다.

Memo is the starting point of creative thinking.

_ 알버트 아인슈타인(과학자)

여기서 잠깐 책을 덮고 10분만 쉬세요. 정말 쉬어야 합니다. 알람을 맞추어 놓으세요!

10분이 지났나요?

현재 우리는 메모에 대해서 재정의하고, 인문학적 성찰을 하던 중이었습니다. 독자님은 10분 동안 무엇을 하셨나요? 미래에 대한 고민을 하셨나요? 내일 무엇을 먹을까 고민하셨나요? 아니면 재미있는 유튜브나 SNS를 감상하며 시간을 보내셨나요?

메모의 진짜 효과란 '생각할 계기'를 만드는 것입니다.[61] 씨앗이 심어져 싹을 틔우듯, 메모는 독자님의 창의성을 키우는 토대가 됩니다. 독자님의 브레인(뇌)은 지금 가만히 있지 않습니다. 책을 읽을 때 감각 기억으로만 남았을 정보들을 '컬러 메모 시스템'을 통해 단기 기억하며, 장기 기억화됩니다. 막연한 생각들이 정리되어 명확한 단어가 보이고, 심지어 새로운 아이디어가 퐁퐁 솟아납니다. 남아 있는 수많은 정보들과 연결되어, 꿈틀거리며 성장하여 상승효과를 갖게 됩니다.[62] 생각의 재탄생입니다.

독자님의 메모는 자기의 한계를 뛰어넘어 재탄생되었습니다. 메모가 알 속에 잠자던 독자님을 깨워 뇌를 새롭게(Refresh) 합니다. 알을 깨십시오! 지금껏 단순히 읽는 행위만 했다면, 이제는 단순읽기를 넘어서야 합니다. 읽는 동시에 생각하고 의견을 확장하고 작가와 토론해야 합니다. 나아가 창조적 발상을 하는 브레인 메모법의 특공대원이 되십시오! 독자님의 브레인은 더욱 스마트하게 뇌혁명 중입니다.

---

61) 고니시 도시유키, 『메모의 기적』, 29p.
62) 가바사와 시온, 『아웃풋 트레이닝』, 전자책.

메모는 끊임없이 자신과 대화를 하게 합니다. 오픈 AI를 잘 활용하는 것 중 하나가 **좋은 질문 하기**입니다(Prompt Engineering). 메모가 오픈 AI처럼 생성형 대화를 이끌어 갑니다. 독자님은 자신의 메모와 대화합니다. 오픈 AI처럼 다양한 질문을 할 수 있습니다.

작은 메모 카드에 각각 열 개의 단어를 적고 조합하면 이상한 단어가 아닌 독특하고 신선한 생각이 창조됩니다. 4차 산업혁명 시대를 살아가야 하는 독자님에게 끊임없는 자기혁신의 동력이 메모에 달려 있습니다. 작은 메모, 지저분한 메모, 디지털 메모도 상관없습니다. 메모 자체가 독자님의 창의성과 변화의 원동력입니다.

『톰 소여의 모험』, 『허클베리 핀의 모험』을 쓴 마크 트웨인은 "성공하는 사람과 성공하지 못하는 사람의 차이는 단 하나다. **하루 5분 동안 생각하는 시간**을 갖느냐 마느냐이다."라고 했습니다. 독자님은 오늘 어떤 생각을 하셨나요? 혹시 독자님의 뇌를 단순히 기억하는 저장 장치(이동식 USB)로만 사용한 것은 아닌지요?

우리의 뇌는 기억은 하지만, 더 많은 사용법이 존재합니다. 정보를 기억함을 넘어 편집하고 창의적으로 활용해야 합니다. 기억장치로만 쓰기에 독자님의 뇌는 너무 무궁무진하여 아깝습니다. 이제 뇌를 깨우십시오! 독자님의 뇌를 창조의 세계에 흠뻑 빠뜨려야 합니다.

당신은 생각할 수 있다.

그러나 곧 그것은 착각과 망각이 될 수 있다.

당신은 메모할 수 있다.

기억할 수 있고, 변화할 수 있다.

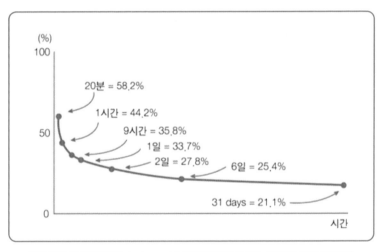

에빙하우스 망각 곡선 (출처: Anderson, J. R. 『인지심리학과 그 응용』 재인용: 네이버 지식백과)

독자님은 그 누구보다 창의적 생각을 자주 그리고 많이 할 수 있습니다. 그런데 그 놀라운 아이디어를 적지 않으면 어떻게 될까요? 학습력과 기억에 관한 에빙하우스의 망각 곡선은 우리가 얼마나 잘 잊을 수 있는 존재인지 말해 줍니다. 독자님의 뇌를 깨웠다면 침대에서 일어나 메모를 시작하십시오!

사람들은 말을 쉽게 하며, 좋은 의견도 냅니다. 그런데 절대로 메모하지 않습니다. 다음 스텝이 어디로 갈지 눈에 보이지 않습니다. 결국 그 놀라운 창의적 아이디어는 20분 만에 50%가 사라집니다. 변화를 열망하는 독자님의 인생은 그 어떠한 것도 이전과 달라지지 않습니다. 말이 좋아 20분이지 휘발성이 강한 것은 1~2분 만에 사라지는 경우도 허다합니다. 말이 아니라, 행동이 능력입니다. 행동하기 위해서는 메모가 반드시 필요합니다. 메모하여 눈앞에 두면 달라집니다!

망각 곡선을 자세히 살펴보면 우리의 인생 에너지와 비슷해 보이지 않나요? 평범하다는 것은 성장하지 않는다는 것이고 변화하지 않는다는 의미입니다. 시간이 흐를수록 역량은 줄어들어, 점점 침몰하는 배처럼 보입니다. 독자님은 현재 어떠신가요? 평범하다는 것은 현상

유지이고 이것은 결국 가라앉는다는 말입니다. 인플레이션으로 내가 가지고 있는 현금의 값어치가 떨어지는 것과 비슷합니다. 그래서 오늘날에는 자산에 투자하는 것처럼 **메모가 곧 투자입니다.**

같은 아이디어 회의 시간에 B는 열심히 메모를 했습니다. 모든 것을 적는 것이 아니라 '핵심 단어 몇 개'에 불과합니다. 회의 이후에 주요 의견에 자신의 생각을 추가하고, 필요한 자료들을 인터넷에서 조사하여 간단히 정리했습니다. 이것이 사소한 차이일까요? 이렇게 했는데 그가 성장하지 않는다고요? 정말 그게 가능한가요? B와 입사 동기라고 계속해서 같은 봉급을 받을 수 있을까요? 분명 B는 더 올라갈 것입니다. 독자님! 아직까지도 메모와 상관없는 사람으로 살고 계신가요? 지금 당장 일어나 적어야 합니다! 책에 적고, 노트에 적고, 다이어리에 적어야 합니다. 포인트는 지금입니다! Right Now! 메모를 믿으셔야 합니다! 메모가 인생의 변화를 이끕니다.

메모는 변화 플랫폼이다

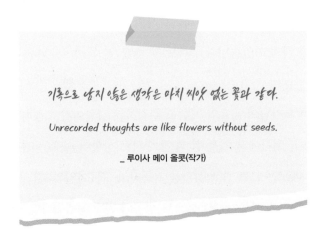

기록으로 남지 않은 생각은 마치 씨앗 없는 꽃과 같다.

Unrecorded thoughts are like flowers without seeds.

_ 루이사 메이 올콧(작가)

메모는 메모랜덤(Memorandum)의 줄임말로, '비공식적인 기록이나 연결 사항, 주의해야 할 내용을 적어서 다른 사람에게 전달하는 일.'이라고 정의합니다. 나카지마 다카시는 메모를 "잊어서는 안 되는 것을 기록하는 일."이라고 부릅니다.[63] 독자님은 메모를 무엇이라고 정의하시나요?

메모는 정보를 기록하고, 기억하고, 활용하는 데 필수적인 도구입

---

63) 나카지마 다카시, 『메모하는 습관(시간과공간사)』, 14p.

니다. 그 메모가 독자님의 삶 속에 들어오면 끊임없는 변화를 추구하며, 새로운 아이디어를 일으키고 창의성을 불어넣습니다. 생각과 감정을 수용할 뿐만 아니라 인사이트까지 더해 줍니다. 메모는 엄청난 잠재력을 가지고 있습니다.

메모는 독자님의 목표와 계획을 추적하는 장치이자 조정하는 역할을 합니다. 회사에서 일을 할 때에 수시로 상황이 바뀌는 경우도 있습니다. 메모는 그런 진행 상황을 기록하고, 필요한 조치를 생각나게 합니다. 변화에 빠르게 대응함으로 성공의 원동력이 됩니다. 예를 들어, 다이어트를 목표로 한다면, 메모를 통해 매일의 식단과 운동량을 기록합니다. 체중 감량의 진행 상황을 그래프로 기록하고, 그에 따른 디테일한 조정도 해 볼 수 있습니다. 이러한 과정에서 보다 효과적인 대응책이 나옵니다. 필자 역시 이런 방법으로 10kg 가깝게 감량한 적이 있습니다. 비록 지금은……

메모는 내가 경험하는 일상을 새롭게 해석할 수 있게 합니다. 평소에는 그저 책을 수용했던 것에서 이제는 엄청난 대가와 토론을 하게 하며, 자기 생각을 발전시키게 합니다. 막연히 흘러가던 정보들이었는데 이를 새롭게 해석하니 좋은 안목도 생깁니다. 평범한 뇌가 아닌 깨어난 뇌, 달라진 뇌가 됩니다. 변화를 수용하고 적응하도록 메모가 돕고 있습니다. 메모는 변화 플랫폼입니다.

4차 산업혁명의 결과로 인공지능, 챗GPT, 로봇 기술, 뇌과학, 바이오, 드론 등 엄청난 기술들이 매일 발표됩니다. 앞으로의 미래가 어떻게 달라질지 때로는 상상도 안 갑니다. 빠르게 변화는 기술로 인해 세상을 따라가지 못할 것 같은 두려움마저 앞섭니다. 그럴 때 메모는 목표와 계획을 꾸준히 재조정하게 하며 도리어 세상을 앞서 나가도록 코칭합니다. 빠른 변화에 메모는 필수적 요소입니다. 과거의 경험을 메모는 새롭게 해석하게 합니다. 비슷한 상황에 직면했을 때 훨씬 지혜로운 결정을 내리도록 돕습니다. 메모는 변화 플랫폼입니다. 이를 더욱 잘 활용하려면 몇 가지 실천 사항이 있습니다.

① 목적을 명확히 써 보세요!

저는 한 해의 목표를 적어 봅니다. 연초가 아니더라도 상관없습니다. 마음이 달라지거나 생각이 또렷해지면 인생의 방향을 재점검하세요. 새로운 프로젝트를 시작하기 위해서 따로 시간을 내는 것도 좋습니다. 메모를 통해 프로젝트의 목표와 계획을 구체화할 수 있습니다. 명확한 문장으로 표현합니다. 혹 체중 감량을 위한 메모라면 식단과 운동량을 자세히 기록합니다. 내가 쓴 목표에 달성하는 데 시간과 초점을 맞춥니다. 목적이 명확한 문장이면 아웃풋의 결과도 선명해집니다.

② 틈나는 대로 메모를 체계적으로 분류하세요.

메모의 효과성을 높이기 위해서는 적절한 분류법이 필요합니다. '레오나르도 다빈치의 메모법'도 참조해 보세요. 날짜, 시간, 장소, 주제, 내용 등을 기준으로 분류하거나, 색깔별로 표시하는 것도 좋은 방법입니다. 컬러 메모, 메모 블록, 메모 박스에서 이미 다루었습니다. 디지털 메모에서는 태그를 달아 보세요. 체계적으로 정리된 메모는 정보를 빠르고 쉽게 활용할 수 있습니다. 독자님의 보고서를 업그레이드하셔야 합니다.

③ 꾸준히 실천하세요.

메모루틴에서 다루었듯 꾸준한 실천이 기적을 만들어 냅니다. 일정한 시간을 정해 놓거나, 메모를 작성하는 습관에 에너지를 모으세요. 이른 아침, 늦은 저녁도 상관없습니다. 메모를 작성한 후에는 그것을 가지고 다니며 정기적으로 검토합니다. 필요에 따라 수정 보완하면 더 멋진 작품이 등장합니다. 독자님의 손에 메모지를 가까이 두셔야 합니다.

④ 주도적인 인생을 사세요.

기술 발전, 사회 변화 등 빠르게 달라지는 속도에만 치중한다면 자신을 잃어버릴 수 있습니다. 독자님과 저는 이전과는 전혀 다른 세상을 매번 맞이할 것입니다. 그것에 적응하느라 자신을 잃어서는 안 됩니다. 메타인지 메모에서 좀 더 다루어 보겠습니다. 메모는 변화에 적응하게 하지만 동시에 자신을 지키는 도구이기도 합니다. 메모는 따라가는 인생이 아닌 앞서가는 통찰력을 선사합니다.

우리 곁에는 메모로 변화를 이룬 사람들, 성공한 사람들이 많습니다. **스티브 잡스**는 아이디어와 생각을 메모하고 새로운 제품을 개발했습니다. **빌 게이츠**는 1/4 메모법으로 자신의 목표와 계획을 메모하고, 이를 달성하기 위해 노력했습니다. **알버트 아인슈타인**은 연구 결과를 기록하여 새로운 이론을 발표했습니다. 이처럼 메모는 변화를 이루는 데 필수적인 도구입니다.

메모를 통해 자신의 생각과 감정, 목표, 경험을 정리합니다. 더 이상 수동적 인생이 아니라 적극적이며 주도적 인생입니다. 독자님에게 변화의 첫 단추로 '메모'를 추천한 것은 정녕 탁월한 선택이었습니다. 변화 플랫폼으로써 메모는 가성비가 뛰어납니다.

저는 무라카미 하루키의 습관에 대해서 자주 생각합니다. 그는 엉덩이로 글을 썼습니다. 그 작은 습관이 베스트셀러를 만드는 진짜 실력입니다. 메모도 이와 같습니다. 보잘것없는 씨앗에서 큰 나무가 자라고, 작은 날갯짓에서 태풍을 부르는 나비효과(Butterfly Effect)가 나옵니다. 메모가 변화 플랫폼이라는 것은 미래 지향적인 표현 같지만 실제로는 매우 현실적인 접근입니다. 좋은 습관은 거저 만들어지지 않습니다. 변화를 포기하지 말고 끝까지 도전하세요!

결국 메모로 혁신하라

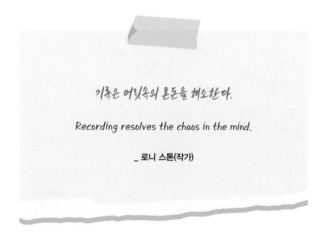

기록은 머릿속의 혼돈을 해소한다.

Recording resolves the chaos in the mind.

_ 로니 스톤(작가)

메모는 글씨의 나열만이 아니라 기호, 그림, 스케치, 영상까지도 포함하는 개념으로 확장해야 합니다. 단지 몇 개의 글자가 메모라는 생각의 틀에 자신을 가둘 필요가 전혀 없습니다. 생각의 크기를 넓혀야 합니다. 메모는 종이에만 갇힌 것이 아닙니다. 앞서 헬렌 켈러의 손가락 메모가 기억나시나요? **미라클 메모**에서 한계가 없음을 밝혔습니다. 메모는 처음에는 글씨로 시작하지만 확장되면 책이 됩니다. 메모는 작은 스케치이자, 그림이며, 때로는 사진이고 영상이 됩니다. 메모에 대한 사고를 확장해야만 독자님의 뇌가 바뀝니다.

메모는 내 생각이며, 나를 담는 도구입니다.

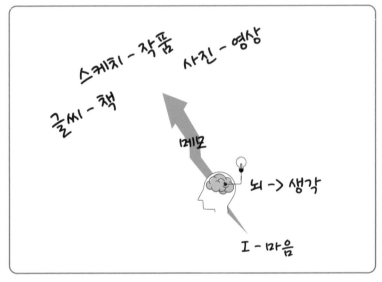

메모의 확장

    뇌 안에는 신경세포(뉴런)가 있습니다. 20~30년 전만 하더라도 뇌 과학계에서 신경세포는 노화에 따라 줄어든다고만 주장했습니다. 그러나 NFL 풋볼 선수들의 뇌를 건강하게 만든 '에이멘 클리닉의 크리스틴 윌르마이어 박사'는 다르게 말합니다. "자연 노화로 인해 수천 개의 뇌세포가 줄어드는 것은 사실입니다. 그러나 60대, 심지어 80대에도 새로운 뇌세포인 뉴런이 배양될 수 있다."라고 합니다.

새로운 뉴런의 성장과 '신경생성(Neurogenesis)'으로 기억력과 학습력이 증진할 수 있는 훈련과 연구가 꾸준히 발표되고 있습니다.[64] 독자님의 나이가 몇 살이든 상관없습니다. 나이는 더 이상 핑계가 될 수 없습니다. 한계를 뛰어넘어 확장될 수 있습니다. 변화를 꿈꾸는 자가 되십시오!

삼성의 고(故) 이건희 회장은 "마누라와 자식 빼고 모두 다 바꾸라."라고 했습니다. 이 말을 할 때가 이류 기업에서 초일류 기업으로 탈바꿈한 삼성의 분기점이라고 모두 평가합니다. 곰곰이 생각하면 이건희 회장의 말은 모든 직원을 향해 **'자기혁신'**을 해야만 살 수 있다는 생존적 절규였습니다. 혁신은 공격성이나 파괴가 있지 않지만 압축적인 급변화를 불러옵니다. 그런데 이런 자기혁신이 말처럼 쉬울까요?

리더들은 자기혁신의 중요성을 알기에 강력하게 주장합니다. 그 맛을 보았기 때문입니다. 그러나 정작 팀원들은 생각보다 빠르게 따라오지 않습니다. 그런 상황에 대해서 리더는 '팀원들이 생각이 없다, 의지가 보이지 않는다.'고 평가합니다. 금세 실망하여 변화의 동

---

64) 크리스틴 윌르마이어, 『브레인 리부트(부키)』, 전자책.

력을 잃는 경우도 종종 있습니다. 리더뿐만 아니라 팀 전체가 혁신 없는 이전의 모습으로 쉽게 돌아갑니다. 변하지 않는 사람들을 그저 바라만 봐야 할까요?

PART 1. "1억짜리 습관도 있다"에서 아이비 리가 알려 준 컨설팅을 다시 읽어 보세요. 자기혁신이 어려운 사람들은 어디에나 존재합니다. 그렇지만 우리는 그 방법을 이미 알고 있습니다. 메모! 메모! 메모입니다! 독자님은 변화의 물결을 이미 타고 있습니다. 메모는 사람을 변화시키는 혁신의 출발점입니다.

리더는 자기혁신을 하는 사람입니다. 그래서 리더는 영향력이 있습니다. 리더는 현재의 출발점과 앞으로 나아가야 할 목적지를 꼭 적어 놓아야 합니다. 때로 리더는 자신의 내면도 잘 다스려야 합니다. 메모가 살길입니다. 자기혁신의 밑바탕에는 자기 점검인 피드백도 필요합니다. PART 5. "메타인지 메모"에서 이를 다룹니다.

부정적인 말을 자주 하는 사람이 '긍정적인 사람'으로 바뀌고 싶다고 말할 수 있습니다. 이런 것으로 상담받는 사람도 많습니다. 상담소에 찾아가서 대화를 합니다. 그리고 오랜 시간 상담자와 대화하면서 부정적인 사람이 변화할 수 있다는 응원의 메시지까지 듣고 나옵니다. 그러나 상담 이후에 '실제 남은 것'은 무엇입니까?

자기 확신일까요? 아닙니다! 상담자가 대화하면서 적은 메모들이 실제 현실 세계에 남아 있는 것입니다. 상담자는 피상담인의 원인과 치료 목적을 적어서 다음번 상담 때 참고합니다. 때로는 피상담인의 크고 작은 변화를 상담자가 훨씬 더 잘 파악합니다. 피상담인은 격려를 받지만 여전히 자기 변화를 크게 느끼지 못할 경우도 있습니다. 만약 피상담인이 집에 돌아와서 상담한 내용을 기억하여 일기장에 적었다면 어떨까요? 수첩에 부정적인 말을 할 때마다 체크하면 어떨까요? 어느 날은 스무 번, 열다섯 번, 스물다섯 번, 열 번을 적는다면 그 사람은 자기 변화를 눈으로 확인할 수 있습니다. 목적지가 보이고 그 과정을 매일 체험하게 됩니다. 아무리 생각해도 메모가 답입니다.

PART 5.

성공을 위한 최고의 메모법

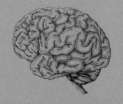

메타인지 능력을 체험하라

예모는 나의 자아를 찾아가는 여정이다.

Memo is a journey to discover my self.

_ 에스더 스미스(작가)

　평범한 일상을 새롭게 해석할 수 있는 힘은 메모로부터 시작합니다. 자기 앞을 가로막는 문제를 만날 때 좌절하는 것이 아니라 해결 방법을 반드시 찾겠다는 도전의식이 필요합니다. 업무나 문제가 아무리 위협적이더라도 '해당 문제'와 나를 가장 먼저 분리해야 합니다. 가장 수월하게 분리할 수 있는 방법이 메모입니다. '문제'와 분리될 때 탈출구를 살필 수 있는 힘이 생깁니다. 자신과 문제를 분리하여 객관적 거리를 두게 하는 것을 '**메타인지**'라고 부릅니다.

메타인지를 통해 일의 중요도나 우선순위도 조정합니다. 메타인지는 '인식에 대한 인식' 혹은 '생각에 대한 생각'이라고 정의할 수 있습니다. 어려움 속에 빠진 자신을 당사자로서만 인식하는 것이 아니라, 다른 사람의 눈으로 문제와 분리된 자신을 발견합니다. 새로운 문제 인식과 자기 조절 능력까지 갖추게 됩니다. 놀라운 관점의 전환이 생깁니다.

제삼의 눈으로 자신을 관찰한다는 것은 쉽지 않습니다. 자신을 위협하는 문제에 대해서 감정적으로 대응하는 게 익숙하기 때문입니다. 메타인지는 복잡한 순간에 관점의 전환을 일으키는 꼭 필요한 능력입니다. 독자님의 순간적인 감정도 중요하지만 앞으로는 '한 번 더 생각'하는 이성적인 감각도 동시에 키워야 합니다.

저 역시 과거에 감정적으로 대응한 경우가 빈번했습니다. 감정적 반응은 문제를 해결하기보다 더 큰 문제를 야기합니다. 그 피해는 고스란히 자신에게 돌아옵니다. 감정적 선택으로 인해 후회된 기억이 무척 많습니다. 제 MBTI는 전형적인 ENTP이었습니다. 여전히 제 글이 ENTP 느낌인가요? 다른 관점, 문제 해결력을 갖기 위해서 강도 높은 훈련을 해야 합니다.

장기 프로젝트를 진행하는 팀장이나, 긴급한 문제를 처리할 상황일수록 이성적 판단이 시급합니다. 이럴 때 메모라는 단순한 행위가 무척 큰 도움이 됩니다. 문제를 기록하여 눈앞에 두면 **방향과 속도 모두를 점검**할 수 있습니다! 메모를 통해 일의 순서를 정하고(포지셔닝), 자신과 문제와 거리를 둠으로 생각하는 여유가 생깁니다. 앞으로 이런 행위를 일컬어 **메타인지 메모**라고 할 것입니다.

메모만 했을 뿐인데 독자님은 이미 메타인지 원리를 깨달은 것입니다. 단순한 행동이지만 그 결과는 놀랍습니다. '그저 메모장일 뿐이고 벽에 붙여 놓았을 뿐인데' 일의 해결 속도와 방법에 차이가 있음을 체험하게 됩니다. 독자님은 제삼의 눈을 가질 수 있습니다. 누구보다도 빠르게 일 처리를 하거나 사태를 파악할 수 있습니다. 막연한 생각이 아닙니다. 손으로 쓴 메모입니다. 메타인지 메모가 통찰력을 줍니다.

교육심리학에서 교육의 결과인 학습 효과를 측정하는 대상으로 '필기' 즉, 메모를 평가합니다. 단순히 칠판에 적힌 글을 옮겨 적거나, 암기식 메모를 말하는 것이 아닙니다. 메타인지 메모를 학습에 적용하면 어떨까요? **학습자가 내면에서 스스로 정보를 판단하고 선택하고**

분석합니다. 배운 내용의 중요도를 교사의 입장이 아닌 학습자가 판단하여 메모합니다. 왠지 이와 비슷한 표현을 들어 본 적이 있나요? PART 3. "컬러 메모 시스템"에서 이미 다룬 내용입니다. 메타인지 메모는 학습 효과와 문제 해결력과 생산력마저 상승시킵니다.[65]

메모는 심리적 반응에도 영향을 끼칩니다. 자기와의 대화를 통해 스스로 심리 상태도 파악하고 때로는 치유 효과도 나타납니다. 복잡할수록 한 템포 쉬어야 합니다. 메모는 교육적으로나 심리적으로도 상당히 안정적인 결과와 정서를 선물해 줍니다. 메모의 기적을 독자님은 매일 느낄 수 있습니다.

---

65) 호시 도모히로, 『공부의 알고리즘(RHK)』, 96-97p.

메타인지 메모를 일상에 적용하라

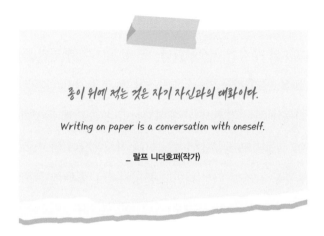

종이 위에 적는 것은 자기 자신과의 대화이다.

Writing on paper is a conversation with oneself.

_ 랄프 니더호퍼(작가)

평범한 사람들은 굳이 시간과 노력을 쏟아 자신을 파악하려고 하지 않습니다. 즉, 살아온 그 방식대로만 일하며 살고 싶어 합니다. 낯선 것, 익숙하지 않은 것에 도전하기를 즐거워하지 않습니다. 혁신이 없는 삶입니다. 또한 자신에 대한 분석도 막연할 뿐입니다. 독자님들은 그것을 벗어나기 위해서 독서를 하고 있습니다. 자기 분석에 앞서서 연습 문제를 먼저 풀어 보겠습니다.

최근 들어 큰 스트레스를 주는 것은 무엇인가요?

회사, 가족, 미래, 사람 관계, 돈 등등. 독자님의 뇌리에 수많은 단어와 이미지와 생각이 떠오릅니다. 이 질문 자체가 잔잔한 '생각의 호수'에 돌을 던진 것과 같습니다. 조금 후에 발견하겠지만 진짜 독자님을 힘들게 하는 것은 몇 개에 불과합니다. 그런데 돌멩이를 던지니 물결이 흔들리고 생물들이 움직이니 착시현상이 일어납니다. 스트레스를 주는 요소가 너무 많다고 불평하거나 혹은 엉뚱한 데서 원인을 찾기도 합니다. 이때 필요한 것이 메모입니다.

낚시를 통해 물고기를 잡듯이 떠오르는 생각, 단어, 사건을 천천히 적어 보세요. 그러면 자연스럽게 큰 문제와 작은 문제 혹은 시급한 것과 가벼운 것이 정리됩니다. 스트레스의 원인이라고 하는 것을 적은 메모지와 자신을 떨어뜨려 놓음으로 눈앞에서 객관적으로 관찰하고 평가하는 대상이 되었습니다. 스트레스 요인들을 몇 가지 묶어 보면 어떤가요? 정말 나를 힘들게 하는 것 몇 가지입니다. 심지어 어떤 것은 지금 당장 해결이 가능한 것도 있습니다.

메타인지 메모와 효과를 앞서 소개했습니다. 좋은 방법은 생활에

바로 실천해야 합니다. 아웃풋 아시죠? 메타인지 메모법을 세 개의
영역에 적용해 보겠습니다.[66]

① 자신의 장점과 단점 파악

장점(강점)

_____

_____

단점(약점)

_____

_____

모두 적으셨나요? 메모한 것을 다시 한번 천천히 살펴보세요. 1차
에는 적었다면, 2차에는 그것을 분석하며 평가하는 것입니다. 독자
님은 메모를 통해서 자신의 생각을 우선 발견합니다. 또한 '다른 사
람이 자기를 바라보는 입장'도 적을 수 있습니다. 자신의 메모를 살

---

66) 오봉근, 『메타인지, 생각의 기술(원앤원북스)』, 전자책.

펴보면서 자기를 해석할 기회가 생겼습니다. 평소 자신의 말과 행동, 사람들의 평가를 되새기며 객관화합니다. 자신의 신념과 말이 행동하고 큰 차이가 발생한 것도 발견할 수 있습니다. 이것이 메타인지 메모의 능력입니다. 스스로와 대화하기 시작한 것이지요. 이를 자기 '모니터링'이라고도 할 수 있습니다. [67]

② 모니터링을 통한 업그레이드

메타인지는 자신을 분석할 뿐만 아니라 '도구'를 어떻게 활용해야할지 적합한 사용법도 찾게 합니다. 예를 들어, 자신이 강의한 영상을 다시 보는 것입니다. 어떤 행동을 하는지, 도구 사용과 표정은 적절했는지 모니터합니다. 이 과정에서 좀 더 나은 강의를 위해 도구와 표현법을 업그레이드합니다.

필자의 경우 강의 이후 녹화 결과물을 몇 번씩 모니터링합니다. 반복적인 어휘 사용, 언어 습관을 발견합니다. 때로는 내용과 표현력에 대해서도 분석합니다. 분석 내용 중 부족한 부분을 적어서 연습하거

---

67) 리사 손, 『메타인지 학습법(21세기북스)』. 손 교수는 메타인지의 장점으로 스스로를 평가하는 모니터링 전략과 그 평가한 결과로 조정하는 컨트롤 전략을 소개한다.

나 연구합니다. 반복적인 연습으로 다음번 강의 때 고쳐졌는지 혹은 무의식적으로 계속 사용하는지 확인합니다. 이렇게 메타인지 메모는 자신을 성장시킵니다.

자기를 분석하고 모니터링하는 것은 괴롭긴 하지만 효과는 확실합니다. 성장을 원한다면 메타인지 메모를 해야 합니다. 성장하지 않는다는 것은 서서히 가라앉고 있다는 것입니다.

③ 문제 해결력 성장

마지막으로 문제 해결력이 성장합니다. 메모는 자기 변화를 위한 씨앗이자, 시작점입니다. 강의를 하는 사람은 강의를 모니터링하고, 글을 쓰는 사람은 이전 글들을 평가하며 메모합니다. 스스로 평가함으로 자신의 장점과 약점을 파악하며, 전략을 수정합니다. 리포지셔닝을 하는 것이지요. 문제를 인식하고 그에 따른 조치를 빠르게 할 수 있으니 문제 해결력이 길러집니다. 문제 해결력은 자신에게 먼저 필요하며 이러한 셀프 컨트롤(Self Control)을 통해 성장하게 됩니다. 또한 자기 훈련은 나름의 임상 데이터의 축적으로, 다른 사람의 장단점도 쉽게 파악하게 합니다. 인사 담당자나 리더에게는 꼭 필요

한 능력입니다. 성공하는 사람들에게는 메타인지 메모법을 발견할
수 있습니다.

 필자의 경우 언어치료사에게 약 6개월 동안 언어 훈련을 받았습니
다. 처음 제 발음에 대해서 지적받았을 때는 무척 자존심이 상했습니
다. 그러나 더 나은 사람이 되기 위해서 언어 훈련에 돌입했습니다.
훈련 이후에는 안 좋은 언어 습관들을 고치고 발음이 좀 더 명확해
졌습니다. 훈련 과정에서 꽤 많은 자기평가 보고서도 작성했습니다.
10여 년이 지났음에도 그 메모들을 간직하고 있습니다. 이런 정보로
인해서 다른 사람의 언어 습관을 빠르게 캐치합니다. 왜냐하면 훈련
을 받았기 때문이지요. 저의 감각 기억이 장기 기억화되어 스피커들
을 평가하는 데 사용합니다. 저는 언어치료 전문가는 아니지만 어떤
부분을 고쳐야 하는지는 일반인보다 더 쉽고 빠르게 파악합니다.

 아주 작은 것이지만 이러한 시스템적 사고를 업무에 대입해 보면
어떨까요? 분명 놀라운 효과를 가져올 것입니다. 단지 메타인지 메
모만 한 것인데 그것이 데이터베이스가 되어 다른 업무에 적용되거
나 평가하는 데 기준이 됩니다. 2~3초 만에 흩어질 감각 기억이 아
닌 독자님 인생에 새겨진 장기 기억이자, 절차 기억으로 남아 있기

때문입니다. 자신의 팀원 중 특정 부분이 약한 사람을 파악하여 도울수 있습니다. 전문가로 성장하려면 이 과정이 필요합니다.

메타인지 메모는 변화를 열망하는 사람들에게 꼭 필요한 능력입니다. **자기 인식(모니터링)**과 **자기 변화(Self Control)**가 있다면 다른 사람도 변화시킬 수 있습니다. 메타인지 메모는 변화의 에너지, 성장 에너지를 가지고 있습니다.

피드백 알고리즘을 구축하라

기록은 내가 지나온 길을 되돌아보게 한다.

Recording makes me reflect on the path I've taken.

_ 존 콜린스(작가)

메타인지 메모의 중요한 역할 중 하나가 피드백입니다. 어떤 사람이 피드백을 잘 활용할까요? 타인에 의한 것도 좋지만, 매번 묻는 것도 미안합니다. 또한 다른 사람에게 효과적인 피드백을 듣는 것도 그리 쉬운 일은 아닙니다. 온라인에서는 어느 정도 데이터가 쌓이지 않으면 분석도 어렵습니다.

피드백 그 자체를 효과적으로 활용하려면 먼저 자신에게 적용해볼 필요가 있습니다. 셀프 피드백(Self Feedback)은 메모를 통해 자신의 위치와 상황을 파악합니다. 포지셔닝 전략에 따라 적절한 방향 수정도 할 수 있습니다. 저는 이것을 '**피드백 알고리즘 구축**'이라고 부릅니다. 피드백 알고리즘을 통해 셀프 피드백(Self Feedback)을 반복적 훈련을 통해 자기 뇌에 '딥 러닝(Deep Learning)'을 시킵니다.

이는 자신이 세운 가설에 대해서 여러 번 시험하고 가설의 오류를 고치고 일정한 데이터를 축적시킵니다. 그 속에서 자신에 대한 객관적 시각을 갖는 훈련을 가지게 됩니다. 이러한 알고리즘은 다른 사람에게 피드백할 때에도 좀 더 효과적이며 객관적입니다. 건강한 피드백은 자신뿐만 아니라 다른 사람도 성장시킵니다. 독자님은 이것을 잘 인식하여 메타인지 메모를 자주 사용함으로 '건강한 피드백'을 하는 사람으로 성장해야 합니다. 듣지 않는 사람에게 좋은 피드백은 오지 않습니다.

피드백 알고리즘은 자기 성장의 기회입니다. 메타인지 메모가 피드백 알고리즘의 핵심입니다. 메타인지 메모는 자기를 평가하고 피드백하기 좋은 도구입니다. 메타인지는 "자기 자신을 마치 외부에서 보듯이 자신을 객관적으로 인식하는 것"[68]이라고 했습니다. 처음부

---

68) 모기 겐이치로, 『뇌(성안당)』, 전자책.

터 자기 자신을 객관적으로 본다는 것, 분석한다는 것은 쉽지 않습니다. 그래서 메모를 통해 메타인지 능력을 서서히 키우고 반복적인 훈련(딥 러닝) 속에서 피드백 알고리즘의 완성도를 높이는 것입니다.

메타인지 메모는 나의 제2의 뇌이자 마음(Second Brain)이라고 생각하면 어떨까요? 자신의 생각, 감정, 느낌을 메모하여 나와 분리하는 순간 그것은 내 문제이지만, 내가 아닌 것이 됩니다. 분명 내 것이지만 자기 바깥에 놓입니다. 글씨를 몇 자 적으면 관찰의 대상이 되고, 평가의 대상이 됩니다. 독자님은 종이에 적힌 몇 글자를 통해서 자신을 평가하는 피드백 알고리즘 시스템을 구축한 것입니다. 메타인지 메모는 값비싼 피드백 플랫폼이 아닙니다! 값쌀 뿐만 아니라 매우 효과적인 메모의 기적입니다. 분명 메모하는 사람은 메타인지가 발달하기 쉽습니다.

시간 관리와 우선순위는 메모가 답이다

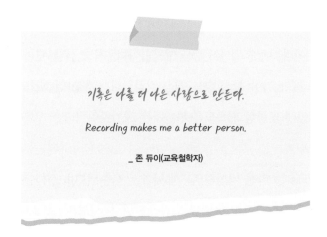

기록은 나를 더 나은 사람으로 만든다.

Recording makes me a better person.

_ 존 듀이(교육철학자)

사람들이 많이 쓰는 것 중에 **To do list 혹은 오늘의 할 일** 등이 있습니다. 이것을 잘 활용하고 계신가요? 메모습관을 시작하면서 작성하는 경우가 많습니다. To do list는 일의 순서와 집중도를 높이며 시간 관리에도 매우 유용한 도구입니다. 그런데 단순한 시간 관리 정도에만 머무르면 안 됩니다. 그렇게 하다 보면 정말 메모하다 인생 끝납니다. To do list는 더 큰 목적을 성취하기 위해 작성하는 것입니다. 1단계 To do list는 실천이 목적이라면, 정말 중요한 것은 **비전/미션선언문**입니다.

제 책상 앞에 비전선언문이 있으며, 하단에 장기 계획과 방향이 붙어 있습니다. 계획을 구체화하며 상황에 따라 조정합니다. 성공한 많은 사람들이 왜 이렇게 했는지 이제야 알 것 같습니다. 우리 집 둘째 아이가 '아빠, 이게 뭐예요?' 묻기도 합니다. 저도 틈날 때마다 눈으로 보며 제가 가야 할 방향을 계속 점검합니다. 메모는 피드백 플랫폼으로 인생의 방향과 속도를 평가하는 계기판입니다.

To do list는 비전/미션선언문에 맞게 우선순위를 조정하는 역할을 합니다. (PART 1. "아이비 리의 컨설팅"을 다시 읽어 보세요.) 앞서 **컬러 메모 시스템**에서 4가지 색을 다루었습니다. **빨간색 - 파란색 - 검은색 - 초록색**입니다. 『프랭클린플래너』도 우선순위를 ABC 등급으로 나누는데, 이를 매칭하면 **빨강색-A, 파란색-B, 검은색-C**입니다. 초록색은 우선순위와 다른, 색다르거나 재미있거나 취미로 진행하는 것들입니다. 통찰력을 주는 별도의 색깔로 지정했습니다.

비전/미션선언문이 있으면 가야 할 목적지가 분명해집니다. ABC 등급이 자연스럽게 나뉘어 To do list 작성에도 영향을 끼칩니다. 왜 가야 하며, 어디로 가야 하는지 목적지가 있어야 오늘의 할 일인 To do list, 즉 액션 플랜의 효용 가치가 더 커집니다. 저는 일곱 개의 상이한 프로젝트를 동시에 진행하다 보니 컬러 메모 시스템 없이는 불가능합니다. 우선순위를 날짜 별, 시간 별로 정하지 않으면 곤란한 상황이 자주 발생했을 것입니다.

학생 때 마라톤 경기에 참석했습니다. 결승선은 가까워졌는데 발이 무거웠습니다. 그때 주변 친구들이 제 등을 밀어 주어 마라톤을 완주할 수 있었습니다. To do list가 친구 역할을 합니다. 메모를 통해 우선순위 점검을 합니다. 지치지 않고 끝까지 나아갈 수 있게 에너지를 분배시킵니다. 우리의 물리적 시간은 한정적입니다. 그러니 시간을 쓰는 데 있어서 가장 최적의 길을 찾아야 합니다. 피드백의 목적은 시간과 우선순위를 조정하는 것입니다.

기준 없이 자신을 평가하지 마세요. 각자가 다른 기준입니다. 다른 사람의 말에 쉽게 휘둘리지 마세요. 그러나 삶의 목적지가 분명한 사람은 일의 우선순위와 시간 관리를 대충 할 수 없습니다. 자기만의 목적지가 **비전/미션선언문**에 담겨있기 때문입니다.

결승선에 도착하기 위해서 때로 **삶의 원칙(value)**도 정합니다. 자신이 끝까지 지키려고 애쓰는 윤리와 약속이 삶의 원칙입니다. 사람마다 다릅니다. 독자님의 삶의 원칙은 무엇인가요? 정말 중요한 삶의 원칙은 쉽게 바꿀 수 없습니다. 아니, 포기할 수 없습니다. 그래서 자주 보고 생각해야 합니다. 자기와의 약속인 원칙을 다이어리, 노트, 일기장 곳곳에 적고 또 적으세요. 중요하기 때문에 반복합니다. 반복해서 자기의 원칙을 지키려고 애쓰는 자가 리더입니다. 왕관의 무게를 버터야 합니다.

일기를 미래 플랫폼으로 전환하라

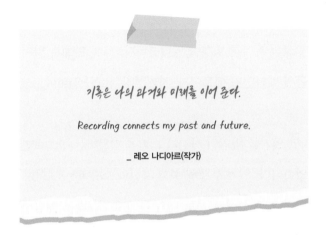

기록은 나의 과거와 미래를 이어 준다.

Recording connects my past and future.

_ 레오 나디아르(작가)

저는 매일 일기를 쓰는 것은 아니지만 25년간 꾸준했습니다. 그간 일기장, 다이어리는 계속 바뀌었지만 삶의 모토와 원칙을 지키려고 노력했습니다. 일본의 도쿠마서점 창업자인 도쿠마 야스요시도 일기를 통해 자기반성을 했습니다. 18세 때부터 60년간 매일 아침 5시에 일어나 전날 적었던 메모를 일기장에 옮기며 자기 원칙을 고수했습니다.[69] 성공한 사람들의 힘은 꾸준함에 있습니다.

---

69) 나카지마 다카시, 『놀라운 메모의 기술』, 177p.

일기와 다이어리를 통해 하루를 돌아보고 삶을 복기(復棋)하는 사람은 인생의 방향을 수시로 점검합니다. 오래전 바다에서 배를 타고 가던 선원들이 별자리를 보고 항로를 조정했습니다. 이처럼 메모는 우리에게 삶의 올바른 방향을 알려줍니다. 그런 면에서 일기는 피드백 플랫폼인 메타인지 메모이자, 자기성찰의 도구입니다.

그렇지만 일기를 과거의 사건과 느낌을 기념하는 장소로만 사용할 필요가 없습니다. 일기를 통해 현재 자신과 소통하는 '대화형 메모'로도 가능합니다. 생성형 AI처럼 내가 나에게 질문하고 대답하는 것입니다. 이런 과정 속에서 자신의 마음을 끄집어내어 관찰합니다. 대화형 메모는 심리 치료의 효과뿐만 아니라 자신의 인생 궤도를 점검할 기회도 줍니다. 이러한 과정에서 내면의 힘이 생긴 사람이야말로 다른 사람을 돕는 탁월한 리더가 됩니다. 일기를 나에게 쓰는 편지로 활용할 수도 있습니다.

피터 드러커의 경우 **"생각주간(Think Week)"**을 세웠습니다. 여름에 2주일간 시간을 내어 지난 1년의 일을 검토했습니다. 잘한 일과 더 잘할 수 있었던 일, 잘못했거나 아니면 꼭 해야 했는데 못 한 일을 돌아봅니다. 이러한 자기반성 후에 앞으로 1년간 해야 할 우선순위로 강의, 저술 활동, 컨설팅에 임했습니다.[70] 빌 게이츠도 생각주간을 가졌습니다. 마이크로소프트가 성장하자 미국 서북부 숲속에 통나무집을 마련했습니다. 거기에서 피터 드러커처럼 자신을 반성하고 앞으로의 계획을 세웠습니다. 그는 독서와 사색 그리고 엄청난 보고서를 읽으며 생각 정리를 했습니다.[71]

일기는 과거의 자신과 자주 독대하게 합니다. 그러나 중요한 패러다임의 전환이 필요합니다! 일기를 과거와 현재의 만남으로만 한정 짓지 말아야 합니다. 일기를 **'미래를 만나는 창'**으로 생각해 보면 어떨까요? 많은 사람이 일기에 어제의 일을 정리하고, 과거의 자신에 집중합니다. 왜냐하면 **일기를 과거 플랫폼**으로만 인식했기 때문입니다. 그렇지만 더 이상 과거 플랫폼으로만 한정 짓지 말고 일기를 **미래 플랫폼**으로 새롭게 인식해야 합니다.

꼭 일기장이 아니더라도 괜찮습니다. 작은 메모지도 상관없습니다. 미래에 해야 할 일, 가야 할 목적지를 적어 보세요. **미래계획기억(Prospective Memory)**을 통해 독자님 스스로 '~를 해야 한다.'는 지

---

70) 피터 드러커, 『프로페셔널의 조건(청림출판)』, 161–62p.
71) 이지성, 『에이트 씽크(차이정원)』, 256–59p.

시적 기억을 불러일으킬 수 있습니다.[72] 뇌과학자인 한나 모니어와 철학자 마르틴 게스만은 기억에 대해 새로운 관점이 필요하다고 주장합니다. "기억은 과거를 담당하는 것이 아니라, (기억의) 임무는 미래를 계획하고 나중을 준비하는 것이다. 기본적으로 기억은 미래지향적이며 창조적 능력을 가지고 있다."라고 말합니다.[73]

일기를 통해 '미래의 나'에게 말을 걸고, 편지를 써 보세요. 미래 일기를 써 본 사람만이 아는 경험이 있습니다. 과거의 어느 날, 정확히는 20년 전(前), 저는 '이런저런 사람이 되고 싶다.'고 썼습니다. 그것을 적은 기억도 없고, 내용도 전혀 생각나지 않던 어느 날입니다. 오랜만에 일기장을 꺼내어 읽다가 과거의 나를 만났습니다. 20년 전에 미래의 나를 적었는데 현재 저는 그 모습이 되었습니다. 얼마나 놀라고 설레었는지 모릅니다. 독자님을 위해 좀 더 정확한 워딩은 이렇습니다. "사업가 겸 목회자"였습니다. 혹 독자님도 일기를 통해 미래의 자신을 미리 만나 보면 어떨까요?

독자님은 꿈을 꾸고 있나요? 미래의 자신을 그리고 있나요? 나이

---

72) 엘리자베스 리커, 『최강의 브레인 해킹(비즈니스북스)』, 138p.
73) 한나 모니어, 마르틴 게스만, 『기억은 미래를 향한다(문예출판사)』, 전자책.

때문에, 집안 때문에, 돈 때문에…… '때문에', '때문에', '때문에' 놓친 것은 없나요? 현재 '노력하는 나'를 발견한다면 분명 독자님은 **'성장 마인드셋(Growth Mindset)'**을 가진 분으로 미래를 향한 디딤돌을 놓는 중입니다.[74]

독자님 자신에게 편지를 써 보세요. 자신의 꿈을 적어 보고, 반드시 해야 할 일, 가야 할 목적지를 적으세요. 어느 순간 자신의 '미래의 나'에게 도착한 자신을 발견합니다. 일기를 과거와 현재를 잇는 연결점으로만 삼지 말고, **미래를 여는 창**으로 사용한다면 놀라운 경험을 계속할 것입니다.

---

74) 캐롤 드웩, 『마인드셋(스몰빅라이프)』, 전자책.

미래의 나에게 미래 메모를 보내라

메모는 나의 내일을 계획하는 첫 단추이다.

Memo is the first button to plan my tomorrow.

_ 아날레나 쉬랄디(작가)

미래의 나와 대화하려고 해도 자꾸 과거의 내가 혹은 부정적인 생각이 끊임없이 방해합니다. 그렇기 때문에 미래의 나를 만나는 것은 그리 쉽지만은 않습니다. 부정적인 사고방식과 세상의 목소리가 엄청 큰 잡음입니다. 미래의 나와 만나기 위해서는 훈련이 필요합니다. 그래서 독자님은 **미래 메모**를 자꾸 써 보아야 합니다. 긍정적인 메모를 써야 합니다.

위대한 천재들과 메모로 대화해 보십시오. 그 과정에서 자연스럽게 미래의 나와 만나게 됩니다. 타임머신 등이 등장하는 〈백투더퓨처〉와 같은 영화를 보면, 미래의 나와 만나는 과정이 매우 험난하다는 것을 발견합니다. 미래의 나를 만나기 위해서는 엄청난 에너지를 쏟아야 합니다.

미래 메모는 시간의 한계를 뛰어넘습니다. 미래 메모는 과거에 썼더라도 독자님 뇌리에는 **미래계획기억**으로 인식되어 끊임없이 독자님 스스로 행동의 계기를 만들어 냅니다.[75] 미래의 자신에게 가르침을 줄 수 있는 메모, 어떻게 하면 미래의 자신에게 잘 전달할 것인지 고민해 보셔야 합니다. 미래의 자신에게 '생각의 실마리'를 남겨 두기 위해서라도 미래 메모를 습관화해야 합니다.[76] 미래 메모는 독자님의 생존에 꼭 필요한 기술입니다.[77] 버킷리스트 역시 미래 메모의 일종이라고 할 수 있습니다.

제가 매우 좋아하는 작가 중 한 명인 이지성 님은 『성공하는 아이에게는 미래형 커리큘럼이 있다』는 책을 썼습니다. 뛰어난 아이라도 부모가 평범한 커리큘럼으로 교육하면 뛰어난 인재가 평범한 사람이

---

75) 고니시 도시유키, 『메모의 기적』, 16–17p.
76) 고니시 도시유키, 『메모의 기적』, 30–31p.
77) 고니시 도시유키, 『메모의 기적』, 132p.

된다는 것입니다. 반대로 평범한 아이라도 부모가 미래형 커리큘럼으로 교육하면 아이는 특별하게 된다는 것이죠.[78] 20여 년 전 책인데 이를 『칼비테 교육법』과 『미래의 부』를 통해 증명했습니다.

필자 역시 유튜브에서 『칼비테 교육법』을 토대로 "행복한 영재교육 시리즈"를 강의했습니다. 제 유튜브 채널과 블로그 이름을 미래코치, 미래소장, 미래공작소 등으로 명한 것을 돌아보니 저 역시 '미래'라는 단어에 꽂힌 게 분명합니다. 독자님과 저에게는 '미래 기억'이 있습니다.

메타인지 메모를 통해 현재의 나를 잘 인식한 사람은 좋은 분석 틀을 가지고 있는 것입니다. 이것이 토대가 되어 미래의 어떤 일을 판단하며 계획할 때도 활용할 수 있습니다. 미래 예측에서 사용하는 시나리오 기법입니다. 꿈을 꾸고 미래를 생각할 때마다 우리 기억은 암호화되어 뇌에 저장됩니다. 그리고 "어느 날 만날 미래의 나에게 메시지를 보냅니다."[79] 부정적인 미래가 아닌 긍정적이며 성공할 수 있다는 사고방식의 변화 즉, 뇌혁명이 일어난 것입니다.

---

78) 이지성, 『성공하는 아이에게는 미래형 커리큘럼이 있다(랜덤하우스)』, 21p.
79) 리처드 레스탁, 『늙지 않는 뇌(유노라이프)』, 전자책.

『이지성의 꿈꾸는 다락방』에서도 미래의 꿈을 만나기 위해서 '생생하게 꿈꾸면 이루어진다'는 R=VD 공식을 알려 줍니다(vivid dream realization).[80] 이뿐만이 아닙니다. 『꿈을 이루어 주는 한 권의 수첩』[81]에서도 **드림 메모(Dream Diary/Memo)**를 통해 꿈을 구체화하고 미래 연표를 작성하라고 알려 줍니다. 자기의 꿈을 적는 것은 미래 메모의 일종입니다. 『프랭클린플래너』에서도 '인생의 나침반'을 플래너에 꼭 남기라고 합니다.[82]

제 일기장에는 10년을 기준으로 연도별로 저와 아내와 자녀의 나이가 적혀 있습니다. 그 나이에 따라 성취하고 싶은 것들을 적었습니다. 만약 제가 앞선 책들과 정보들을 몰랐다면 저 혼자 이상한 상상이나 하는 사람으로 취급받았을 것입니다. 메모를 적었다고 모두 이루어진다는 것은 아닙니다. 저도 계속해서 수정하고 있습니다. 그런데 시간이 흐를수록 큰 꿈들이 허황되지 않으며 이룰 수 있다는 자신감이 절로 생깁니다. 여러 책들과 뇌과학에서 독자님을 향해 '미래의 나에게 메시지를 보내라'며 격려합니다. 지금 당장 실천하십시오!

---

80) 이지성, 『이지성의 꿈꾸는 다락방(차이정원)』, 13p.
81) 구마가이 마사토시, 『꿈을 이루어주는 한 권의 수첩(북폴리오)』.
82) 한국성과향상센터, 『나를 바꾼 프랭클린 플래너(바다출판사)』.

기억은 과거의 미래다.

Memory is the future of the past.

_ 폴 발레리(시인)

꼭 아웃풋하는 메모를 하라

종이는 아이디어를 향상시킨다.

Paper enhances the ideas.

_ 그레고리 프리마스터(작가)

메모에는 목적이 있습니다. 학생은 배우기 위해서, 직장인은 일하기 위해서, 사장은 돈을 벌기 위해서입니다. **아웃풋(Output)**해야 한다는 목적은 같지만 결과물은 각각 다릅니다. 독자님의 상황에 따라 자기만의 아웃풋을 명확하게 해야 합니다.

① 잘 배우기 위한 학습용 메모법

– 학생(배우는 자)은 무엇을 적어야 할까요?

여전히 칠판이나 혹은 선생님 말씀을 그대로 옮겨 적는 사람이 있습니까? 예전에 저도 그랬습니다. 이는 적는 것이지만 기계와 같이 감각 기억 위주의 행위입니다. 멍하게 적는 행위보다는 집중해서 듣는 것이 훨씬 더 낫습니다. 스탠퍼드 공부법에서도 '수업 중 필기를 주의하라.'고 말합니다.[83]

도쿄대학의 뇌과학자인 이케가야 유지는 "입력보다 출력이 중요하다."고 말합니다. **뇌 자체가 입력보다 출력을 중요시하기 때문**입니다. 뇌는 정보의 입력과 출력 두 가지 모두를 담당하지만 **뇌는 '출력 우선형'**입니다. 그래서 복습 횟수와 방법이 중요합니다. 교과서나 참고서를 계속 보기보다는, (기출) 문제집을 반복해서 풀면서 복습하는 것이 더 효과적인 공부법이라고 말합니다.[84] 최근 우리나라의 다양한 공부법 영상들과 책들도 이와 비슷한 주장을 합니다. 앞서 스탠퍼드 공부법에서도 효과가 큰 것이 '테스트' 즉 시험이었습니다.

---

83) 호시 도모히로, 『공부의 알고리즘』, 59-61p.
84) 이케가야 유지, 『최적의 공부 뇌』, 복습의 법칙 중.

② 직장인을 위한 생산형 메모법

직장인 메모는 학생 메모법과 다릅니다. 배우는 입장이 아닌 일을 진행하기 위한 메모입니다. 그러니 프로젝트 중심으로 시간을 관리하거나, 상사가 시키는 것을 잘 메모해야 합니다. 일이 진행되면 메모를 통해 점검하며, 결과물을 산출해야 합니다. 메모는 독자님의 성과에 영향을 끼칩니다.

중간관리자의 경우 메모를 통해 방향을 공유해야 합니다. 그림 메모를 다시 한번 보십시오! 멍청한 상사는 자신은 말했다고 합니다. 그러나 정확히 전달되지 않은 책임은 누구에게 있을까요? 저는 그런 사람을 많이 보았습니다. 비용과 시간도 계산해야 합니다. 그럼에도 불구하고 바쁜 와중에 자신과의 대화, 가족을 놓쳐서는 안 됩니다.

③ 돈이 되는 리더의 메모법

사장 등 큰 결정을 내려야 하는 탑 리더의 메모는 앞선 사람들과 또 다릅니다. 돈이 되고 확실한 아웃풋이 있어야 합니다. 리더는 책임을 지는 자리입니다! "The buck stops here!"[85] 리더는 자기의 원칙과 신조를 자주 적고 생각해야 합니다. 큰 방향을 결정하면서 메모 활용을 극대화해야 합니다. 인맥 관리 역시 중요합니다. 자신을 꾸준히 점검하면서 미래의 나에게 메모해야 합니다. 리더의 메모가 한 사람 아니, 한 나라를 바꿀 수도 있습니다.

④ 감사는 최고의 뇌 훈련

독자님의 인생이 더 안전하고 멀리 가기 위해서 '감사 메모'를 적극 추천합니다. 감사하는 행동과 말을 할 때 뇌는 반응합니다. 뇌는 감사를 좋아합니다. 뇌의 특정 영역(전전두엽피질)이 반응하면서 공감대 형성, 스트레스 해소, 통증 경감의 효과가 있습니다.[86] "도파민(Dopamine), 세로토닌(Serotonin), 옥시토신(Oxytocin), 엔도르핀(Endorphin) 등 단 하나의 행동으로 4가지 뇌 내 물질이 모두 분비됩니다. 감사할 때 효과가 동시에 일어납니다. **감사는 최고의 뇌 훈련**입니다.[87] 끝까지 저와 함께해 주셔서 감사합니다. 독자님의 뇌혁명은 이제 시작입니다!

---

85) 트루먼 대통령의 좌우명. 의역하면, "최종 책임은 여기에서!"
86) 제러미 애덤 스미스 외 3인, 『감사의 재발견(현대지성)』, 전자책.
87) 가바사와 시온, 『아웃풋 트레이닝』, 전자책.

성공한 사람들의 7가지 브레인 메모법

Smart Brain Memo

1. 미라클 메모를 믿어라

2. 컬러 메모 시스템을 익혀라

3. 그림 메모로 표현하라

4. 메모 블록을 쌓아라

5. 디지털 메모를 배우라

6. 메타인지 메모로 나를 만나라

7. 미래 메모를 나에게 보내라

뇌혁명이 시작되는 인생 메모

레오나르도 다빈치를 비롯해서 수많은 천재들의 목소리를 들었습니다. 닉 부이치치와 헬렌 켈러를 통해 미라클 메모를 만났습니다. 독자님에게 남은 숙제는 이제 하나입니다. 새로운 출발선에서 꼭 써야 할 **인생 메모**입니다. 가슴이 두근두근하며 설레시나요?

본서의 대략적인 얼개는 다음과 같습니다.

첫째, 왜 메모인가?　　　메모의 중요성

둘째, 어떻게 메모할까?　　뇌과학의 원리를 적용

셋째, 메모의 결과는?　　　아웃풋하는 메모!

저는 무책임하게 혹은 막연한 변화를 말하고 싶지 않았습니다. 실제 우리에게 가장 중요한 신체 기관 중 하나인 뇌과학의 원리를 메모와 **연결(Connecting)**했습니다. 그 결과『뇌혁명은 메모에서 시작한다』가 세상에 나왔습니다. 독자님의 뇌에 새로운 생각 회로가 생겼습니다. 독자님의 나이에 상관없이 아주 신선한 신경 회로입니다. 독자님의 신경세포들이 메모에 더 활발히 반응하기 위해서 몇 가지 당부를 드립니다.

에필로그를 끝내기 전에 PART 2. **"메모의 장애물을 피하라"**를 다시 읽기를 권합니다. 다녀오세요!

한 번에 내용이 이해가 되지 않거나, 실천이 어려운 것이 있다면 그 부분을 반복해서 따로 읽어 보세요. 책을 그림으로 표현하고 설명해 보세요. 컬러 메모와 그림 메모가 생각나시죠? 독자님의 단기 기억이 장기 기억화됩니다.

메모가 가진 에너지가 체질화됩니다. 가장 확실히 익히는 것은 경험과 감정이 섞여서 뇌에 저장되는 것입니다. 가까운 지인들과 메모에 대해서 토론하세요. 독자님이 스터디를 이끌어 간다면 메모력은

극강의 상태가 됩니다.[88]

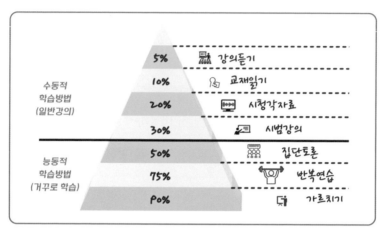

학습 효과 피라미드 (출처: NTL: National Training Laboratories)

저는 메모에 관한 책들을 읽고 각성했습니다. 어리숙한 과거에서 창의적이며 성공하는 사고방식을 갖는 뇌로 깨어났습니다. 독자님도 이러한 "뇌혁명"이 가능합니다. 독자님의 뇌를 깨우기 위한 질문입니다. 독자님의 인생 메모는 무엇인가요?

"메모는 천재의 기억보다 선명하다!"

이런 상투적인 한 문장도 좋습니다. 책 곳곳에 있는 **메모 명언**을

88) 가바사와 시온, 『아웃풋 트레이닝』, 전자책.

훑어보십시오.

나의 인생 메모: _____

질문은 잠들어 있는 뇌를 깨웁니다. 유대인들은 자녀가 학교에서 돌아오면 무엇을 배웠는지 묻는 것이 아니라, 선생님께 어떤 질문을 했느냐고 묻습니다. 이러한 질문 방식이 유대인의 진짜 힘은 아닌가 생각됩니다.

브레인 메모법의 시작은 '펜으로 생각하라'였습니다. 막연한 생각의 호수에 빠져 있는 것이 아니라, 펜으로 꺼내는 것입니다. 뇌의 생각을 기록하고 확장하며, 에너지 전환을 하는 것입니다. 저는 이 과정에서 "변화와 성장"이 찾아왔습니다! All 'F'의 C급 인생은 한 번이면 충분합니다. 단언컨대 이전으로 절대 돌아가고 싶지 않습니다. 아니, 절대 돌아갈 수도 없습니다. 독자님도 마찬가지입니다! 이미 성장하였기 때문입니다. 마지막 관문에 도착했습니다.

독자님의 뇌혁명은 시작했습니까?

다빈치 다이어리 사용법

B5에 미쳤다! 사실 A4나 A5도 상관없습니다. 자신에게 맞는 사이즈를 찾으면 됩니다. 필자는 "프랭클린플래너, 시스템 다이어리, 몰스킨, 스타벅스" 등등 다양한 종류를 사용한 후 **다빈치 다이어리**로 정착 중입니다. 그러니 독자님도 자신에게 맞는 것을 꼭 찾으셔야 합니다. 왜냐하면 다이어리(메모장)는 평생 동반자이기 때문입니다.

단번에 찾는 행운도 좋지만 각자의 쓸모가 있으니 여러 개를 사용해 보세요. 그것도 마음에 들지 않는다면 자기에게 맞는 것을 편집하는 것도 좋은 방법입니다. 예를 들어, 필자는 프랭클린플래너를 잘 활용하고 싶어서 『성공하는 사람들의 7가지 습관』으로부터 시작하여, 관련 책자를 3~4권 모아 샅샅이 읽으며 적용했습니다. 아주 탁월한 자기 관리 수단임은 분명합니다. 시간 관리를 중요하게 여긴 탁월한 자기 관리 도구이지만, 저에게는 생각의 확장과 창의성이 더 중요하기에 **다빈치 다이어리**를 개발했습니다.

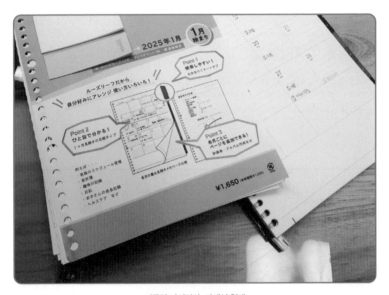

마루망 다이어리-가제식 형태

다빈치 다이어리의 모태는 **마루망(maruman) B5 다이어리 시리즈**입니다. 우선 대학 때 일본어 D를 맞은 실력자(?)라 여전히 일본어

울렁증이 있습니다. 그것보다 더 불편한 것은 우리나라 공휴일과 다르며, 요일 순서도 월–일로 되어 있어서 평소의 제 시간관념이랑 차이가 큽니다. 결국 B5 형태만 취하기로 했습니다.

다빈치는 메모장을 아주 쉽게 교체할 수 있는 것이 좋다고 했습니다.[89] 기존의 **캠퍼스 노트의 가제식 형태**[90]를 기반으로 다빈치 다이어리를 기획했기 때문에 개발비가 크게 들지 않았습니다. 혹 크라우드 펀딩을 통해 만나셨다면 좀 더 많은 자료가 있을 것입니다. 가장 큰 특징은 스케줄러와 노트를 일체형으로 쓴다는 것입니다. 이는 다빈치의 영감 어린 창의성과 확장성을 모델링했습니다.

다빈치 다이어리는 가제식 노트이기에 생각의 편집이 자유롭습니다. 편집의 중요성은 엔비디아의 젠슨 황도 강조했습니다. 앞으로 인류가 인공지능 시대에서 살아가는 방법은 '**편집광만이 살아남는다**(Only the Paranoid Survive).'고 했습니다. 이는 인텔의 전설적인 경영자 앤드루 그루브를 인용한 것입니다.[91]

---

89) 사쿠라가와 다빈치, 『초역 다빈치 노트』, 〈코덱스 애시번햄〉.
90) 가제식: 공책이나 장부 따위의 용지를 자유로이 빼고 낄 수 있는 방식 (출처: 네이버사전)
91) https://www.asiae.co.kr/article/2024030223143419376 (24년 3월)

일반적인 노트는 대부분 무조건 순서대로 사용해야 하며, 페이지를 옮기는 것이 거의 불가능합니다. 그런데 다빈치 다이어리는 스케줄러(다이어리)와 노트를 분리할 필요가 없으며, 심지어 일기도 한곳에 쓸 수 있습니다. 이후 자신의 필요에 따라 온라인 앱처럼 모으고 흩뜨리는 것도 매우 자유롭습니다. 편집을 마음껏 할 수 있는 편리함이 있습니다! Drag and Drop이 언제나 가능합니다! 가제식 노트의 한 페이지를 주제별, 종류별로 바인더를 사용한다면 손쉽게 편집할 수 있습니다. 스케줄표 & 노트 & 일기 & 독서록 등을 단 한 권으로 가능합니다!

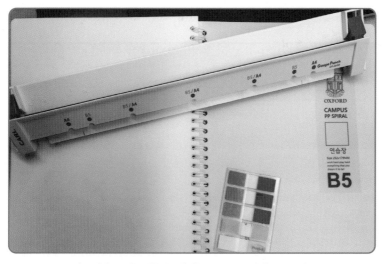

〈3M 인덱스 플래그 점착 메모지〉, 〈옥스포드 B5 노트〉, 〈CARL 펀치〉

오프라인 노트이지만 스케줄을 온라인처럼 활용할 수도 있습니다. 〈3M 인덱스 플래그 점착 메모지〉를 날짜 위에 붙여 사용하면, 날짜를 쉽게 이동할 수 있습니다.[92] 〈옥스퍼드의 B5 노트〉를 추가로 사용하면 확장성은 무한대입니다. 스케치도 되고, 페이지를 없앨 수도 있고, 각종 자료를 덧붙일 수도 있습니다. 용지가 다른 사이즈라면, 〈CARL사의 펀치〉를 이용하여 A4, A5, B4 등 다양한 사이즈에 상관없이 사용 가능합니다.[93] 각종 포스트잇이나 문구 액세서리를 장착하고 사진을 붙인다면 풍부한 감수성을 표현하기도 좋습니다.

다빈치 다이어리를 한마디로 만능 노트[94]라고 부를 수 있습니다. 어릴 적 추억 속에 생각나는 "나와라, 만능 팔!"이라고 말한 가제트 형사의 대사처럼 말입니다. 다빈치 다이어리가 꼭 그와 같습니다.

사람은 한정적인 시간 속에 살지만, 시간과 장소를 항상 초월하기를 원합니다. 생각도 마찬가지입니다. 고정되어 순서대로가 아닌 그

---

92) 미사키 에이치로, 『노트 3권의 비밀』. 163p. "접착식을 사용하면 노트 상에서 끌어 놓기(Drag and Drop)가 가능해진다."
93) 미사키 에이치로, 『노트 3권의 비밀』. 53p. 나에게 메모에 관한 첫 번째 책이 『메모의 기술』이라면, 『노트 3권의 비밀』은 두 번째라고 평할 수 있다. 매우 여러 번 읽고, 실천했고, 책에서 말한 상당 부분을 내 것으로 변경해서 실천 중이다.
94) 오쿠노 노부유키, 『메모력(21세기북스)』.

무엇……. 다빈치 다이어리가 독자님만의 만능 노트이며, 다빈치의 영감 어린 창의성을 표현하는 꿈의 노트가 되기를 진심으로 기원합니다.

참고 도서

김영진, 『메모의 정석』 큰방

리사 손, 『메타인지 학습법』 21세기북스

손매남, 『뇌치유상담학』 앤트북

손종호, 『시냅스 러닝』 박영스토리

오봉근, 『메타인지, 생각의 기술』 원앤원북스

유근용, 『메모의 힘』 한국경제신문

이지성, 『이지성의 꿈꾸는 다락방』 차이정원

    , 『에이트 씽크』 차이정원

    , 『성공하는 아이에게는 미래형 커리큘럼이 있다』 랜덤하우스코리아

임창환, 『뉴럴 링크』 동아시아

한국성과향상센터, 『나를 바꾼 프랭클린 플래너』 바다출판사

가바사와 시온, 『아웃풋 트레이닝』 토마토출판사

고니시 도시유키, 『메모의 기적』 21세기북스

구마가이 마사토시, 『꿈을 이루어주는 한 권의 수첩』 북폴리오

나가타 도요시, 『도해사고력』 스펙트럼북스

    , 『그림문자 기술』 스펙트럼북스

나카지마 다카시, 『메모하는 습관』 시간과공간사

    , 『놀라운 메모의 기술』 다산미디어

노무라 마사키, 『메모혁명』 도서출판 홍

다카하시 마사후미, 『One Page 정리기술』 김영사

도이 에이지, 『그들은 책 어디에 밑줄을 긋는가』 비즈니스북스

미사키 에이치로, 『노트 3권의 비밀』 시그마북스

모기 겐이치로, 『뇌』 성안당

    , 『좋은 질문이 좋은 인생을 만든다』 샘터

    , 『업무뇌』 브레인월드

, 『뇌가 기뻐하는 공부법』 이아소

사이토 다카시, 『3색볼펜 읽기 공부법』 중앙북스

사카토 켄지, 『메모의 기술』 해바라기

사쿠라가와 다빈치, 『초역 다빈치 노트』 한국경제신문

오쿠노 노부유키, 『메모력』 21세기북스

이시이 다카시, 『머리가 좋아지는 1분 공부법』 황매

이케가야 유지, 『최적의 공부 뇌』 포레스트북스

이쿠타 사토시, 『하루 한 권, 뇌과학』 드루

히사츠네 게이이치, 『탁월한 기획자는 그림으로 사고한다』 거름

호시 도모히로, 『공부의 알고리즘』 RHK

리처드 레스탁, 『늙지 않는 뇌』 유노라이프

마르틴 코르테, 『성취하는 뇌』 블랙피쉬

마크 티글러, 『기적의 뇌 사용법』 김영사

마틴 켐프, 『레오나르도』 을유문화사

숀케 아렌스, 『제텔카스텐』 인간희극

스티븐 코비, 『성공하는 사람들의 7가지 습관』 김영사

엘리자베스 리커, 『최강의 브레인 해킹』 비즈니스북스

제러미 애덤 스미스 외 3인, 『감사의 재발견』 현대지성

캐롤 드웩, 『마인드셋』 스몰빅라이프

크리스틴 윌르마이어, 『브레인 리부트』 부키

피터 드러커, 『프로페셔널의 조건』 청림출판

티아고 포르테, 『세컨드 브레인』 쌤앤파커스

한나 모니어, 마르틴 게스만, 『기억은 미래를 향한다』 문예출판사

Walter Pauk, 『How to Study in College』 ThriftBooks

** 수익금의 일부는 어려운 이웃을 위해 쓰입니다. **

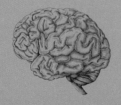